Être Père selon la Bible

COLLECTION VERBE DE VIE

le Verbe de Vie

Cette collection lancée à l'initiative de la Communauté du Verbe de Vie (Notre Dame de Fichermont, rue de la Croix 21 A, 1410 WATERLOO – BELGIQUE) regroupe des ouvrages dont les auteurs sont en lien direct avec elle. Ils abordent des thèmes de vie spirituelle fondamentaux pour la vie et la vocation du disciple du Christ. Les différents ouvrages de cette collection, centrés sur la Parole de Dieu et les enseignements de l'Église, contribuent à la construction et la croissance dans l'amour de Dieu et l'amour de l'Église.

Ouvrages déjà parus :

Le sacrement de réconciliation, miracle de l'amour, Jacques Marin, 1995.
Abraham, un père au cœur d'enfant, Olivier Belleil, 2000.
Vivre dans la louange, Bertrand Georges, 2001.
Élie, l'homme de feu, Olivier Belleil, 2002 (épuisé)*.
Viens, Esprit Saint ! Parcours des sept semaines pour préparer l'effusion du Saint-Esprit, Olivier Belleil, 2007*.
Faire les bons choix au bon moment, discerner, choisir, décider dans l'Esprit Saint, Bertrand Georges, 2007*.
Sortir gagnant de nos luttes intérieures, Marie-Anne Leroux, 2008.
De la faiblesse à la force, Paul de Tarse et Thérèse de Lisieux, un chant d'amour à deux voies, Joël Pralong, 2008.
La relation conjugale, liturgie de l'amour, Olivier Belleil, 2009.
Apprivoiser son caractère, tu n'es pas responsable de la tête que tu as mais de la tête que tu fais, Joël Pralong, 2009.
Le Seigneur te fera réussir dans toutes tes entreprises, Laurent Challan Belval, 2013.

* Disponible en version numérique sur www.editions-beatitudes.fr.

*

ISBN : 978-2-84024-683-1

Société des Œuvres Communautaires, février 2014
Conception de la couverture : Editions des Béatitudes
Illustration de couverture : Elvine

Olivier BELLEIL

Être Père selon la Bible

EdB

« À la question si souvent posée : “Qu’est-ce qu’un père ?”, la réponse semble toute trouvée : “Le père est celui qui se plante, quoi qu’il fasse.” Mais il faut s’en réjouir puisque c’est par ses manques et ses limites qu’il va permettre à l’enfant de se construire. » (M. Rufo)

En commençant à écrire le livre que vous avez en main, j’étais partagé entre la joie de méditer sur ce qui fait une des plus belles choses de ma vie : la paternité, et l’appréhension de parler d’une réalité qui me révèle aussi mes pauvretés, mes insuffisances, mes échecs. La citation ci-dessus du Professeur Marcel Rufo m’a libéré de mes scrupules.

Osons donc en parler !

À mes parents, et particulièrement à mon père, décédé récemment, à qui je dédie cet ouvrage.

À mon épouse bien-aimée, Marie et à mes enfants, Maëlle, Sara, Blandine, Samuel, Emmanuelle, Véronique, Thomas et à mes petits-enfants, grâce à qui ce livre a pu voir le jour.

À mes frères et sœurs de la Communauté du Verbe de Vie, (et particulièrement à Marie COSTA et Gaétan DELVAUX qui m'ont aidé dans la rédaction de ce livre).

Introduction

Papa va mourir.

Samedi 26 novembre 2011, nous sommes autour de lui. Il a 86 ans. Il est allongé dans son lit. La chambre de la maison de retraite, à Quimper, est calme.

Quand j'étais enfant, mon père m'inspirait un mélange de crainte et d'admiration. C'était une force de la nature, celui que nous appelons « Pétrouch ». Jamais malade, un énorme appétit, un grand marcheur. Seul, il a planté plusieurs centaines d'arbres autour de sa maison de Tréguennec. Avec la sécheresse de 1976, la plupart sont morts. Il a recommencé l'année suivante… et les arbres sont toujours là.

Et le voici si maigre, si faible.

Il ne peut pas parler, mais il semble entendre et comprendre ce qui se passe autour de lui.

Depuis son accident vasculaire cérébral de l'année passée, il baisse peu à peu.

Mes frères et moi venons le voir plus souvent. Nous avons su qu'il avait auparavant fait d'autres AVC, un peu moins graves.

Il n'en a jamais parlé. Il est comme ça, Pétrouch.

Un vrai personnage de Balzac, haut en couleurs, une « forte personnalité » comme on dit, une figure atypique, avec des réparties aussi excessives que les phrases de Céline.

« Monsieur le juge » était un homme comme beaucoup dans sa génération, peu habitué à exprimer ses sentiments. Jamais je ne l'ai vu pleurer. Une fois, à l'enterrement de sa mère, j'ai cru voir une larme sur sa joue – vite essuyée.

Maman et nous, ses enfants, devions « décoder », interpréter. Il nous aimait, mais ne l'exprimait pas avec des déclarations. Il était fier de nous. C'était sa façon d'aimer.

Il est devant nous, faible, paisible et même doux.

Cela fait drôle, car la douceur, ce n'était pas son genre ! Toute notre vie, nous l'avons vu fort, plein d'énergie.

Et il est là, vulnérable.

À l'adolescence, nous nous sommes violemment heurtés, lui et moi. Je ne supportais plus son autorité que je trouvais écrasante. Il a fallu les trésors d'amour et d'ingéniosité de maman pour que la relation ne soit pas complètement rompue.

Plus tard, moi qui rejetais bien des aspects de son caractère, j'ai réalisé que je lui ressemblais. C'est ce que disait ma femme au début de notre mariage. Cela m'énervait d'autant plus que je savais bien qu'elle avait raison.

Au fil des années, nous nous sommes réconciliés. Jamais avec des mots, des explications : les idées de « partage » et de « dialogue » si prisées de nos contemporains, ce n'était pas pour lui. Nous nous sommes rapprochés grâce à des petits gestes posés, insignifiants pour d'autres, importants pour nous.

Par exemple, me sachant intéressé par « la religion », il profitait de ses temps de bénévolat dans une bibliothèque pour m'envoyer des vieux livres de spiritualité. Je n'osais pas lui dire que c'étaient pour la plupart des ouvrages désuets, passés de mode, car ces envois étaient sa manière de reconnaître mon choix de vie. Cela n'a pas toujours été le cas.

Ce qui me touchait le plus, c'était les photocopies d'articles ou de prières, et même des poèmes.

Mon père, des poèmes ! On aura tout vu.

Il m'envoya la prière au « Grand Esprit » d'un chef indien conscient de sa dignité. Peut-être pour me dire que les croyants ne doivent pas être des « rampants », des gens écrasés.

Il m'envoya le psaume douloureux d'un soldat de 14-18 dans les tranchées. Son propre père avait fait Verdun et en avait été marqué pour la vie.

À travers ces envois, il disait quelque chose de lui, mais de façon voilée, discrète. Derrière la statue imposante du patriarche, il y avait beaucoup de pudeur sur les sujets vitaux.

Ces dernières années, mon père nous écrivait parfois des lettres. Avant, c'était ma mère qui faisait le lien avec les enfants et donnait des nouvelles. Ses lettres à lui étaient brèves, les phrases réduites au minimum, des expressions incisives. Pas de confidences. Rien de romantique ou de sentimental, mais c'était quand même des petits mots de mon père… Nous n'en revenions pas !

En 2006, je conduisais un pèlerinage en Terre Sainte, organisé par notre Communauté du Verbe de Vie. Un jour, nous en parlions ensemble et il me dit :

« On peut y aller, avec maman ?

– Bien sûr ! répondis-je. Mais il y aura pas mal de prière.

– On s'inscrit. »

C'était simple – pas compliqué – une seule parole chez lui constituait un engagement définitif. Et il a tout suivi : les offices (nombreux), les visites, les enseignements, les rencontres sur place. Mon père faisait même les démarches proposées, comme apporter un lumignon devant la croix…

J'étais ému, impressionné.

Maman me disait : « Il est aux anges, je l'ai rarement vu comme ça ! » Moi, je n'avais entendu que : « C'est bien organisé. » Le sommet de la reconnaissance paternelle ! Des pèlerins me disaient parfois : « On a pris un repas avec ton père ; il est très fier de toi. »

Il fallait deviner, mais c'était comme ça…

Et nous sommes là, autour de son lit, douze comme les apôtres. Mon épouse, cinq de nos enfants ont pu venir, un gendre et des petits-enfants… Quatre générations dans la chambre !

Je pense à ce dessin de Jacques Faisant le lendemain de la mort du général De Gaulle : un grand chêne couché…

Nous nous présentons l'un après l'autre, comme on parle à un malade ou à un enfant. C'est sûr, il comprend tout.

Puis, avant de partir, nous chantons tous ensemble un « Je vous salue Marie ». Moment de grâce. Il est bien. Tout le monde pleure… sauf lui et moi, bien sûr.

Nous sortons pour ne pas le fatiguer. Quand je me penche vers lui pour l'embrasser, je sais que c'est la dernière fois. Nous devons rentrer en Belgique, à 1000 km du Finistère. Il me murmure quelque chose ; je crois comprendre : « C'est bien. »

Dix jours plus tard, le 6 décembre, mon père s'éteint.

Quelle joie d'avoir pu lui dire « au revoir » ce jour-là… Il est parti doucement, en s'éteignant comme une bougie. C'était un « patriarche » et il est mort comme un patriarche.

> *« Abraham mourut dans une vieillesse heureuse, âgé et rassasié de jours, et il fut réuni à sa parenté. »* (Gn 25, 8)

Nous sommes cinq frères. Nous étions un peu dispersés, loin géographiquement les uns des autres. Il n'y avait pas eu de conflits ou de disputes entre nous. Simplement un éloignement.

Depuis l'AVC de Pétrouch, les liens se sont resserrés autour de lui et de maman. Mon père qui était très « famille » doit être content.

En sortant de la maison de retraite le 26 novembre, jamais je ne me suis senti aussi « fils de », comme on dit dans la Bible.

Et curieusement, en regardant mes enfants, jamais je ne me suis senti aussi « père ».

Pour faire un père, il faut une femme et des enfants

Un père de la terre ne se fait pas tout seul.

Je l'ai expérimenté dans ma propre histoire d'époux et de papa (comme tous les pères). Nous avons la joie d'avoir sept enfants (dont deux sont décédés).

C'est la femme qui fait le père en lui donnant un enfant

Elle le fait père par le désir d'enfant partagé, par la parole, en parlant de l'enfant au père et du père à l'enfant... Elle le fait père en le reconnaissant comme époux et comme « procréateur ».

Elle le fait père en lui disant ses besoins à elle, d'être aidée, soutenue. En lui montrant que l'enfant a besoin des « vertus masculines ».

La femme, épouse et mère, a un rôle capital dans ce domaine.

Elle peut écarter le père ou lui donner toute la place.

Je remercie mon épouse Marie pour m'avoir appris cela durant nos trente-cinq ans de mariage.

C'est l'enfant lui-même

L'enfant ne tarde pas à exprimer ses besoins : vivre, être protégé, être valorisé, etc. Les demandes implicites et explicites du petit vont entraîner le papa dans une aventure. Il lui faut répondre à ces besoins et remplir un rôle pour ne pas décevoir cette attente. Pour beaucoup d'hommes, **l'apprentissage de la paternité va se faire progressivement**. Ils découvrent que c'est leur enfant qui va susciter leur paternité.

Je remercie mes enfants : Maëlle, Sara, Blandine, Samuel, Emmanuelle, Véronique et Thomas, de m'avoir appris cela.

C'est un besoin de l'homme

> *« Il y a un moment pour tout et un temps pour toute chose sous le ciel. »* (Ecclésiaste 3, 1)

Arrivé à une maturité, l'être humain aspire à être responsable des autres. Le fait de vivre pour soi ne lui suffit plus. Il éprouve le besoin de prendre soin des autres, de donner quelque chose de lui-même à quelqu'un d'autre. C'est cela engendrer, physiquement ou spirituellement.

La paternité sera le lieu privilégié pour se réaliser comme personne, pour s'accomplir dans le don de soi.

Bien des pères, particulièrement après un divorce, ressentent une grande souffrance, celle de se sentir « dépossédé » de cette fonction paternelle. C'est souvent l'enfant qui fait vivre le père, en lui donnant une raison de vivre et de travailler.

Le récit biblique de la naissance de Moïse sauvé des eaux (Exode 2) nous révèle qu'il a fallu au moins six femmes pour le garder en vie (les deux sages-femmes objecteurs de conscience qui ont refusé de tuer les nouveau-nés, la mère Yokebed qui fabrique un couffin, la sœur Myriam qui suit la corbeille de papyrus, la fille de Pharaon qui voit « l'embarcation » sur le fleuve, la servante qui va chercher l'enfant). Ce qui fait dire à un rabbin : « Il faut en moyenne six femmes pour sauver un homme ! »

Par analogie, disons qu'il faut beaucoup de monde pour faire un père !

Une conversion familiale

En relisant mes trente-cinq années de vie de famille, je constate que, progressivement, je suis passé d'un schéma familial (celui de mes parents) à un autre schéma. Le passage n'est pas terminé, ma femme et mes enfants me le rappellent !

De quoi s'agit-il ? Pour prendre une image, la famille que j'ai connue enfant peut être représentée par un triangle : mon père au sommet, les enfants à la base, ma mère faisant le lien entre le haut et le bas (et l'inverse).

Ce schéma triangulaire, hiérarchique, structurait l'image de la famille, mais aussi celui de la société et de l'Église d'avant le concile Vatican II.

J'ai donc commencé ma vie d'époux et de père avec cette vision de la pyramide.

Et peu à peu, j'ai découvert une autre figure. Laquelle ? J'aime l'image utilisée par le pédopsychiatre Marcel Rufo pour décrire cette représentation.

« Il faut imaginer l'enfant comme une maison qui s'aménage petit à petit. La mère est représentée par les murs qui entourent, contiennent, assurant une protection rapprochée ; le père, lui, est représenté par la haie ou le grillage qui délimite l'enclos du jardin, protégeant à la fois les murs et ce qu'il y a à l'intérieur, la mère et l'enfant. Cette double protection va offrir à l'enfant un environnement assez sécurisant et un socle assez solide pour lui permettre de se "meubler" psychiquement, avec ces éléments si essentiels que sont la confiance en soi et le narcissisme. On voit bien, ici encore, que **la mère et le père ont des rôles complémentaires** et que, même si ces rôles peuvent être tenus tour à tour par l'un ou par l'autre, mais de façon différente, le maternel se situe davantage dans le registre de l'intime, de l'affectif, de l'intérieur ; le paternel, lui, se situe toujours du côté de l'ouverture au monde, de la socialisation, de l'extérieur. Et si c'est au père qu'il revient d'être fort, c'est parce que, physiquement, il donne une impression de puissance plus importante. Tenter de dénier cette évidence en la ramenant à un propos sexiste montrerait qu'on n'a rien compris à ce qu'est la construction psychique d'un enfant et à ses besoins : besoin de tendresse maternelle, enveloppante ; besoin de protection paternelle, fortifiante ; toutes deux ne s'excluant pas, mais étant également indispensables. »

(Professeur Marcel RUFO, *Chacun cherche un père*, éd. Anne Carrière, p. 70-71)

Chapitre 1

LES DEUX REGARDS DE LA TERRE ET DU CIEL

I. Les images paternelles vues de la terre

Notre ressenti personnel de la paternité est le premier chemin qui nous conduit au père. Ce que nous avons vécu avec notre papa de la terre ou avec certaines figures paternelles de notre enfance et de notre adolescence est déterminant. Ce vécu individuel contribue pour une très grande part à former en nous une représentation du père, qui varie évidemment selon l'histoire de chacun.

La force de cette image (positive, négative, mitigée…) est son enracinement dans l'expérience vécue. C'est aussi sa limite car on peut vite s'enfermer dans la subjectivité et penser la paternité « en général » en projetant sa vision singulière.

Il était une fois un roi dans un pays lointain. Il avait entendu parler par des voyageurs d'un animal très spécial appelé « éléphant ». La description donnée en était curieuse. Une telle bête existait-elle ou était-ce une invention ? Pour en avoir le cœur net, le roi envoya une délégation de trois spécialistes des animaux en tout genre. Mais les trois experts étaient aveugles.

Un mois plus tard, l'expédition scientifique revient au palais royal et demande une audience pour rendre compte de sa mission.

« Alors, c'est comment un éléphant ? » dit le roi.

Le premier répondit : « J'ai approché la bête de très près. Mon témoignage est formel. Cela ressemble à un tronc d'arbre ; on dirait une colonne solidement posée sur le sol… mais vivante » : il avait touché une patte.

Le second intervint aussitôt : « Sans vouloir aucunement alimenter de polémique, je dois tout de même m'opposer à la thèse de mon confrère. Je me suis fait placer à côté de l'animal. Je l'ai longuement examiné : il a l'apparence d'une liane très flexible ou plutôt d'un serpent toujours en mouvement » : il avait touché la queue.

Le troisième s'emporta : « N'écoutez pas ces balivernes. Je peux vous assurer qu'un éléphant a la forme d'un mur, d'une grande hauteur, avec un revêtement comme un crépi crevassé » : il avait touché le flanc.

En congédiant les membres de l'expédition, le roi demeurait fort perplexe. Heureusement, un enfant était présent à l'audience puisqu'il servait les hôtes du roi. Il lui dit : « Sire, avant d'être capturé par votre armée, mon père et moi étions des dresseurs et des conducteurs d'éléphants. » Et il lui fit un dessin représentant l'animal mystérieux. Le roi comprit alors pourquoi les aveugles avaient parlé ainsi. Ce n'était pas faux ; c'était seulement partiel.

Essai de clarification

Posons-nous une question naïve : « qu'est-ce qu'un père ? »

Derrière une apparence simple, les termes « père » et « paternité » renvoient à une pluralité de sens. Dans le langage courant comme dans celui des psychologues, on distingue plusieurs significations qui s'entremêlent ; elles peuvent être associées entre elles ou dissociées. Bien des débats sur la question sont faussés parce que la confusion est entretenue sur les termes utilisés :

1. **Le père « biologique »**, « physique », « réel » est le géniteur. Les avancées scientifiques avec les tests ADN permettent de l'identifier objectivement ;

2. **Le père nourricier**, éducateur, est celui de la vie quotidienne ; il vit avec l'enfant et partage son existence au jour le jour. Les divorces et séparations ainsi que les procédures d'adoption dissocient les deux niveaux (n° 1 et 2) ;

3. **Le père imaginaire** : de nombreux psychologues utilisent ce terme pour évoquer la figure du père qui est désirée, « fabriquée » par l'enfant. Celui-ci se construit en s'identifiant à ses parents qui sont ses premiers modèles.

L'enfant idéalise le père (et la mère) ou certains de ses caractères ; il rêve son père sur lequel il projette ses désirs, ses besoins. Le réel et l'imaginaire sont combinés jusqu'au moment nécessaire où se produit la désidéalisation, souvent à l'adolescence.

4. **Le père symbolique** : ce concept a été remis en valeur par la psychanalyse, et particulièrement souligné depuis les travaux de Lacan. Cette notion, ancienne et nouvelle, va influencer une tendance importante de la psychologie contemporaine. La psychanalyse utilise souvent le terme « instance paternelle » pour en parler.

Le père symbolique permet à la vie psychique de l'enfant de se construire en sortant de la confusion. Un individu peut se passer d'un papa (n° 2) s'il est orphelin, mais il ne peut grandir et devenir adulte sans la présence d'une instance paternelle (n° 4) qui peut s'incarner à travers différentes figures de pères (un oncle, un professeur, etc.).

II. Les images paternelles vues du ciel

Après avoir considéré le père « vu de la terre », je vous propose de changer de position : allons au Ciel, du côté de Dieu, et entrons dans son regard sur la paternité. Comment ? En nous mettant à l'écoute de la Parole de Dieu qui nous révèle à la fois qui est Dieu et qui est l'homme.

Les Saintes Écritures affirment, d'une part, que Dieu est Père et que, d'autre part, la paternité est une dimension essentielle de la masculinité.

Deux raisons donc pour se mettre à l'écoute du message de la Bible.

Disons-le tout de suite, ce que la Révélation biblique nous communique s'oppose à bien des idées dans « l'air du temps ». Ce n'est pas étonnant.

Dieu ne dit-il pas :

> *« Vos pensées ne sont pas mes pensées, et mes voies ne sont pas vos voies, oracle du Seigneur. Autant les cieux sont élevés au-dessus de la terre, autant sont élevées mes voies au-dessus de vos voies, et mes pensées au-dessus de vos pensées. »* (Isaïe 55, 8-9)

Pour mieux percevoir les différences d'approche, distinguons « chemin ascendant » et « chemin descendant ».

Le chemin ascendant peut être illustré par la réflexion de Freud par exemple, qui part de l'homme pour aller à

Dieu. Dans ses écrits sur la religion (*Totem et Tabou, L'Avenir d'une illusion* et *Malaise dans la civilisation*), le fondateur de la psychanalyse développe la thèse suivante : la religion est construite sur un modèle infantile.

Les hommes souffrent d'angoisses pour de multiples raisons : à cause des renoncements pulsionnels que la vie en société impose, face à la « cruauté du destin », à la peur de la mort, à la terreur primitive que suscite la toute-puissance de la nature. Pour soulager ces craintes, les hommes inventent une divinité, figure paternelle qui sécurise.

La religion est tout simplement une projection de la psychologie humaine restée au stade infantile. Il faudra devenir adulte, en soignant cette névrose collective de l'humanité, issue, comme le complexe d'Œdipe, de la relation au père…

Le chemin descendant suit une trajectoire inverse : il part de Dieu pour aller vers l'homme. C'est la formule provocante de Jésus : « *N'appelez personne votre "Père" sur la terre : car vous n'en avez qu'un, le père céleste.* » (Mt 23, 9)

Une première lecture peut y voir une simple mise en garde : Dieu dépasse nos conceptions trop humaines, nos projections, nos caricatures.

Une interprétation plus profonde va relier cette parole de Jésus à celle de saint Paul : « *Je fléchis les genoux en présence du Père de qui toute paternité, au ciel et sur la terre, tire son nom.* » (Ep 3, 14) Dans ce sens, c'est affirmer que **Dieu seul est Père**.

Les paternités humaines ne sont que des participations plus ou moins réussies de la paternité source. **Notre modèle paternel est au ciel !**

Le théologien Durrwel l'explique ainsi :

« Aucun homme ne mérite le nom de père autant que le Dieu de Jésus-Christ, en qui la paternité s'identifie avec son être même.

Jamais un homme ne peut être père dans un sens aussi absolu, uniquement père et père tout entier.
Un père humain est lui-même fils de quelqu'un, alors que Dieu est le Père inengendré, l'origine sans origine, Dieu en tant qu'origine. Fils d'un autre père humain, il a des relations latérales : il peut avoir des frères et des sœurs, il a un prochain et d'abord une épouse qui partage avec lui le rôle d'être origine. De plus, il ne procrée pas par tout son être, par toute sa vie ; de ce fait, il peut engendrer plusieurs enfants, en des actes successifs. Il peut s'occuper d'affaires multiples qui ne concernent en rien sa paternité [...]. Car il existe en lui-même avant d'être père et pourrait ne pas être père. S'il l'est, c'est par délégation, par pouvoir que lui confère le créateur.
Un homme devient père, Dieu est le Père, le Père essentiel.
De plus l'homme est une personne avant d'être père tandis que la personne de Dieu se constitue dans l'engendrement même, il est le Dieu-Père dans l'amour qui engendre. Un tel Père n'a pas son pareil, sa paternité est un mystère insondable. Il a donc seul un droit absolu au titre de Père : *"N'appelez personne votre père sur la terre"* (Mt 23, 9). »
(F.-X. Durrwell, cité par Mgr Léonard, *Père, que ton règne vienne*, éd. de l'Emmanuel, p. 47)

Dieu transcende les sexes

Pour parler de Dieu, la Bible utilise des images tirées de notre expérience. Cette façon de parler nous aide car elle tient compte de notre nature humaine qui a besoin de choses concrètes.

Les théologiens appellent cela le langage analogique : Dieu est *comme* un père pour exprimer la distance et la transcendance, Il est *comme* une mère pour illustrer sa proximité et son attention, Il est *comme* un époux pour suggérer la passion de son amour, etc.

Les images sont importantes, mais elles doivent être dépassées.

Écoutons ce que nous dit le Catéchisme de l'Église catholique à ce sujet :

« Dieu transcende toute créature. Il faut donc sans cesse purifier notre langage de ce qu'il a de limité, d'imagé, d'imparfait pour ne pas confondre le Dieu "ineffable, incompréhensible, invisible, insaisissable" avec nos représentations humaines. Nos paroles humaines restent toujours en deçà du Mystère de Dieu. » (CEC § 42)

Pourquoi alors parler de Dieu Père ?

« En désignant Dieu du nom de "Père", le langage de la foi indique principalement deux aspects : que Dieu est origine première de tout et autorité transcendante et qu'il est en même temps bonté et sollicitude aimante pour tous ses enfants. Cette tendresse parentale de Dieu peut aussi être exprimée par l'image de la maternité qui indique davantage l'immanence de Dieu, l'intimité entre Dieu et Sa créature.
Le langage de la foi puise ainsi dans l'expérience humaine des parents qui sont d'une certaine façon les premiers représentants de Dieu pour l'homme.
Mais cette expérience dit aussi que les parents humains sont faillibles et qu'ils peuvent défigurer le visage de la paternité et de la maternité.
Il convient alors de rappeler que **Dieu transcende la distinction humaine des sexes**.
Il n'est ni homme ni femme, il est Dieu.
Il transcende aussi la paternité et la maternité humaines tout en en étant l'origine et la mesure : **Personne n'est père comme l'est Dieu**. » (CEC § 239)

Une conviction : une bonne nouvelle pour les pères

Mon épouse et moi animons depuis vingt ans des sessions au cours desquelles nous abordons parfois le thème du père.

Au-delà des révoltes et des plaintes, nous percevons toujours un grand besoin de paternité tant sur le plan humain que spirituel.

Finalement, cette demande de pères et plus précisément de pères « qui tiennent la route » est exprimée par de nombreuses voix :

– c'est le désir des enfants qui ont des besoins d'amour et de sécurité ;

– c'est le témoignage de bien des femmes qui désirent s'appuyer sur des hommes solides. Celles qui élèvent seules leurs enfants le savent bien ;

– c'est l'attente de bien des hommes qui y aspirent, mais ne savent plus très bien comment s'y prendre de peur d'être assimilés à des « machos réactionnaires ».

Nous avons expérimenté que le message de la Bible est une source de lumière et d'espérance pour aider à comprendre ce qu'est la paternité selon Dieu.

Il n'a rien d'accablant, d'accusateur, de moralisateur.

Au contraire, c'est une parole de lumière et de réconfort. Retrouver le chemin du père, ce n'est pas être nostalgique d'une époque révolue, tourné vers un passé idéalisé.

C'est bien plutôt chercher et trouver les manières d'être qui correspondent aux besoins des personnes de notre temps. Accueillons cette bonne nouvelle pour tous.

Jésus nous dit :

« On n'allume pas une lampe pour la mettre sous le boisseau, mais bien sur le lampadaire, où elle brille pour tous ceux qui sont

dans la maison. Ainsi, votre lumière doit-elle briller devant les hommes. » (Mt 5, 15-16)

La grâce peut guérir notre nature blessée

L'expérience nous a montré que parler du père peut blesser certaines personnes tant le sujet est délicat.

Parfois, on entend dire que « tout se joue dans les premières années » de notre construction personnelle.

Dans un sens, c'est juste, mais certains peuvent en tirer une conclusion désespérante et se dire : « Alors, pour moi, il n'y a pas grand-chose à faire. »

La prise de conscience douloureuse des blessures de l'enfance peut aboutir à un résultat dramatique : la résignation et le désespoir.

Comme les personnages de la mythologie grecque, la personne blessée peut se sentir prisonnière d'un destin malheureux dont elle est la victime.

Mais le Seigneur nous annonce une bonne nouvelle. Nous sommes parfois comme les Israélites déportés à Babylone, pleurant ce que nous avons perdu ou gâché : la Terre Sainte, Jérusalem, le Temple. Mais Dieu, par les prophètes, donne un message d'espoir.

> *« Je vous visiterai et je réaliserai pour vous ma promesse de bonheur en vous ramenant ici. Car je sais, moi, les desseins que je forme pour vous, desseins de paix et non de malheur, pour vous donner un avenir et une espérance.* » (Jr 29, 10-11)

Cette promesse de Dieu n'est pas « un vœu pieux » ; elle s'accomplira un jour dans l'Histoire puisque le peuple de Dieu quittera l'exil à Babylone et retournera en Terre Promise en 537 avant J.-C.

L'œuvre de Dieu dans nos vies est une œuvre de restauration et non de rafistolage. En voici une belle illustration.

Saint Jean Bosco portait en lui une blessure secrète : la mort de son père.

Voici comment il raconte l'événement :

« Je n'avais pas encore deux ans que le Bon Dieu nous frappa d'un terrible malheur… mon père rendit le dernier soupir. Il avait seulement 34 ans. C'était le 12 juin 1817. Un fait reste à ma mémoire, le premier souvenir de ma vie. Alors que tout le monde sortait de la chambre du défunt, moi, je voulais absolument y rester. "Viens, Jean, viens avec moi, me répétait ma mère éplorée. – Si papa ne vient pas, répondis-je, je ne veux pas m'en aller. – Pauvre enfant, reprit ma mère, viens avec moi, tu n'as plus de père."

Durant toute son enfance, Don Bosco souffre de l'absence de père. Enfin, à l'âge de 14 ans, il rencontre Don Calosso, un vieux prêtre de 70 ans qui lui fait étudier le latin. Quelle consolation !

« J'éprouvai alors ce que c'est d'avoir à côté de soi un guide sûr, ne cherchant que le bien de l'âme, alors qu'auparavant, j'avais été privé de ce bonheur… Je l'aimais plus qu'un père. »

La mort de Don Calosso, en 1830, après une année d'amitié avec Jean Bosco, fut « un malheur irréparable ».

Le décès de ce père spirituel durant l'adolescence renvoyait à la blessure originelle de l'enfance.

Don Bosco va rechercher désespérément auprès des prêtres une figure paternelle, mais il sera toujours déçu.

« Il m'arrivait souvent de rencontrer sur la route mon curé accompagné de son vicaire. Je les saluais de loin ; arrivé à leur hauteur, je m'inclinais encore ; mais eux, très dignes, se contentaient de me rendre poliment mon salut en poursuivant leur chemin. »

C'était la culture ecclésiastique de l'époque : garder ses distances pour inspirer le respect de la fonction sacerdotale.
De cette souffrance va naître un désir : devenir soi-même ce qu'il attendait des autres : « Plusieurs fois j'en pleurai (de tristesse). Je pensais et je disais parfois à d'autres : "Si jamais je devenais prêtre, je voudrais agir autrement. Je voudrais m'approcher des enfants et leur dire de bonnes paroles, leur donner de bons conseils."
Le souhait de Don Bosco se réalisera. Il deviendra prêtre et aura un ministère extraordinaire auprès des jeunes. À son procès de béatification, une expression reviendra souvent dans les témoignages : « C'était un père. »
La grâce de Dieu a formé une magnifique figure paternelle sur une nature blessée. N'est-ce pas un signe d'espérance ?
(*Souvenirs autobiographiques*, Don Bosco, Médiaspaul)

Si nous sommes attristés par les manques ou les insuffisances de la figure paternelle, Dieu peut restaurer et même rendre cette blessure féconde…

C'est pourquoi la liturgie de l'Église ose proclamer durant la veillée pascale que le plus grand mal – le péché originel – est une « bienheureuse faute » puisqu'elle nous apporte le Rédempteur et le Salut.

Chapitre 2

Le père rejeté, désiré, objet de recherche

La paternité suscite dans notre culture, surtout en Occident, un triple mouvement :

1. De rejet ;
2. De désir ;
3. De recherche d'un nouveau modèle.

Reprenons chacune de ces tendances.

I. Le rejet du père

Il existe une réelle suspicion, voire une révolte contre la figure paternelle.

Mai 68 marque une date symbolique repérable dans le processus de négation du père. Des formules comme « le meurtre du père » sont devenues courantes et illustrent ce phénomène.

Cette remise en cause se retrouve partout présente dans la famille, les institutions sociales, l'Église, la culture. Cette opposition concerne aussi bien « le Père qui est aux cieux »

(« Restez-y ! » disait Jacques Prévert) que « les pères qui sont sur la terre ».

Dans son excellent ouvrage *Passeurs de vie. Essai sur la paternité*, le philosophe et théologien Xavier Lacroix recense quelques titres révélateurs d'articles ou d'ouvrages sur le sujet :

> « La déroute des pères ; les pères jetables : chacun cherche sa place ; les mésaventures du père ; la fragilisation du lien paternel ; les pères dépossédés ; père manquants, fils manqués ; y a-t-il encore un père à la maison ? ; sans père et sans parole. » (p. 10, éd. Bayard 2004)

La mutation idéologique que nous vivons n'est pas un accident ou une mode passagère ; elle a été préparée de longue date par tout un courant de pensée en Europe : aux rébellions contre l'autorité divine et royale des philosophes du « siècle des lumières » (Voltaire, Diderot, les encyclopédistes du XVIIIe siècle) ont succédé les attaques plus violentes des « maîtres du soupçon » (Marx, Nietzsche, Freud).

Il y avait de bonnes raisons à cela : les abus de l'absolutisme du pouvoir royal, les représentations religieuses caricaturales du « Père tout-puissant ». L'autorité de grandes institutions parfois discréditées (le trône et l'autel) et leurs figures paternelles ont été rejetées ensemble par la Révolution française et par celles qui ont suivi.

Comment interpréter la situation actuelle à la lumière de l'Évangile ?

C'est à la fois **un risque** et **une chance**.

Un risque

Un proverbe anglo-saxon dit « qu'il ne faut pas jeter le bébé avec l'eau du bain ». C'est pourtant ce qui s'est produit lorsque la dénonciation de pouvoirs abusifs (au plan politique, religieux, familial) a identifié toute forme d'autorité et de symbolique paternelle à une oppression aliénante. On a confondu l'instance paternelle dans son principe avec une déviation dans son mode d'exercice à un moment donné de l'Histoire.

La dévalorisation de la fonction paternelle est manifeste aujourd'hui dans les images qui sont abondamment présentées dans les médias : pour quelques représentations positives, combien de types paternels affligeants ?

Visite guidée de cette exposition contemporaine et de ses réalisations déprimantes :

– le père absent… le pèr(e)iodique ;

– le père dominé par sa femme… le pèr(e)méable ;

– le père démissionnaire, sans autorité sur ses enfants… le pèr(e)missif ;

– le père gentillet, copain… le pèr(e)mutant (par rapport au *pater familias*) ;

– le père paumé, avec des états d'âme, qui ne sait plus où il en est… le pèr(e)plexe ;

– le père parti qui laisse un grand vide… le pèr(e)issable ;

– le père indigne, coupable d'abus physique ou psychologique… le pèr(e)vers ;

– le père lâche qui fuit ses responsabilités dans le travail ou l'adultère et vit dans le mensonge… le pèr(e)fide ;

– etc.

Vous pouvez facilement mettre en face d'une des représentations ci-dessus plusieurs personnages de séries télévisées ou de films.

La chanson de Stromaé, *Papaoutai*, exprime bien par exemple cette dramatique absence du père.

Sur la base de ce constat, il existe deux tendances interprétatives :

– la première affirme que cette crise atteint les individus réels et que les représentations données dans la culture sont des reflets exacts de la situation : le miroir renverrait une juste image du réel des pères déficients ;

– la seconde, formulée par le psychanalyste Tony Anatrella, dénonce avec vigueur une confusion volontairement entretenue par le climat idéologique dominant et les médias (comme agents de transmission du prêt-à-penser politiquement correct) entre pères réels et fonction paternelle.

> « Les pères pourront alors s'interroger à juste raison sur cette crainte exprimée dans la société de les voir disparaître alors qu'en réalité, ils sont bien physiquement présents et se démènent tant bien que mal avec la réalité.
> Le problème ne se pose pas en ces termes.
> **Les pères continuent effectivement d'être présents**, mais c'est surtout la fonction paternelle qui a été dévalorisée, la société n'acceptant plus de faire fonctionner cette dimension symbolique [...].
> Le problème omniprésent, sans cesse déploré depuis des années, celui qui peut être considéré à la fois comme l'origine et comme la conséquence de tous ceux que nous venons de mentionner, c'est celui de "l'absence de père".
> Ce problème revient sans cesse, comme une complainte, alors que la plupart des hommes-pères, des géniteurs, sont à leur place et ont le souci du bien-être et de l'éducation de leurs enfants, bref, n'ont pas déserté.
> N'est-ce pas plutôt parce que **la fonction paternelle ne s'exerce plus** ?

Parce que le père est absent des images psychiques ? Ou parce que son rôle, en particulier dans la procréation, est constamment dévalorisé ?

Car, dès que l'on n'accorde plus aucune importance à la place et au rôle symbolique du père, les individus ne sont plus invités à s'engager dans la recherche de liens sociaux ou amoureux. »

(*La différence interdite*, Tony Anatrella, Flammarion 1998, p. 17, 36-37)

Selon cette analyse, le miroir de la réalité concernant la paternité est un miroir déformant pour des raisons surtout idéologiques, la mentalité « soixante-huitarde ».

Une chance

À plusieurs reprises, dans l'histoire de l'Église et surtout aux périodes dramatiques, il a fallu distinguer « la fin d'un monde » et « la fin du monde ». À certaines époques, un modèle culturel s'effondrait pour laisser place à une nouvelle conception qui, comme le scribe de l'Évangile, associait « le neuf et l'ancien ».

Nous sommes dans l'une de ces périodes de transition. Nous pouvons avoir des craintes pour notre temps car bien des valeurs que l'on croyait établies sont menacées, mais n'est-ce pas aussi un défi pour faire œuvre de discernement, à la lumière de l'Évangile, entre ce qui est modèle culturel passager et convictions fondées sur le dessein éternel de Dieu ?

Prenons une illustration. Les critiques des philosophes des XVIIIe, XIXe et XXe siècles sur Dieu n'ont-elles pas eu aussi une influence positive ?

Qu'est-ce qui a été remis en cause ? Le Dieu véritable révélé par Jésus Christ ou des représentations de la divinité ressemblant plutôt à une idole païenne ? Ces contestations n'ont-elles pas joué un rôle purificateur pour se prémunir des fausses images de Dieu ?

Notre foi chrétienne n'en sort-elle pas affermie et vaccinée contre les contrefaçons spirituelles, les fanatismes religieux de notre temps ?

N'en est-il pas de même de certaines critiques de l'institution ecclésiale et des princes de l'Église des siècles passés ? Ce qui paraissait blasphématoire hier nous semble aujourd'hui pertinent. L'Église n'est-elle pas devenue plus évangélique en acceptant de perdre sa puissance temporelle, en se dégageant des liens trop étroits avec les pouvoirs, en prenant ses distances vis-à-vis des mondanités ? Cela était demandé aussi bien par les saints que par les détracteurs de l'Église.

Et si nous raisonnions de façon analogue pour la paternité ?

Le rejet du *pater familias* et de ses abus n'est pas à regretter. Certes, il est difficile de juger une époque passée sans tenir compte du contexte historique, mais les lecteurs de Balzac, Stendhal et Flaubert ne peuvent avoir de nostalgie pour les figures paternelles qui leur sont présentées au XIXe siècle.

N'ayons aucun regret d'un passé dépassé. La fidélité au Christ et à sa Parole, à l'Esprit Saint et à ses motions nous entraîne dans une autre direction : oser s'engager dans une aventure exigeante et passionnante, le renouveau du couple, de la famille, de la figure paternelle.

À chaque époque, l'Église du Christ a su conjuguer l'ancien et le nouveau, la permanence et l'innovation, la tradition et le progrès. C'est la tâche de notre génération dans le domaine familial.

Une petite histoire pour illustrer notre propos :

Au IVe siècle, dans le désert d'Égypte, un moine se lamentait sur la décadence de l'Église : « Au temps des glorieux martyrs, on n'aurait pas vu une telle décadence dans la communauté chrétienne d'Alexandrie » etc. etc.
Son père spirituel – un homme de Dieu doux et bienveillant – le reprend sévèrement : « Ne t'épuise pas à souffler sur les ténèbres, cela ne sert à rien. Brandis plutôt un flambeau ! »

II. Le désir du père

Le contexte culturel actuel est ambivalent ; il manifeste un rejet de la fonction paternelle, mais il exprime aussi une profonde aspiration : le besoin de père.

On ne peut contraindre indéfiniment certains désirs profonds de l'âme humaine. Toutes les idéologies qui se sont acharnées à le faire (nazisme, communisme) ont été tôt ou tard mises en échec. La nature humaine résiste même aux agressions intellectuelles !

Le principe de réalité ne peut entrer par la force dans des moules idéologiques inadaptés. L'ultralibéralisme, et ses « valeurs », sera lui aussi mis en échec.

On attribue au savant Galilée, condamné par un tribunal d'inquisition à cause de ses thèses scientifiques nouvelles, cette formule fameuse : « Et pourtant, elle tourne (la terre) ! »

Par analogie, malgré le matraquage médiatique ambiant, une réaction de bon sens se fait entendre : « Et pourtant, on a besoin d'un père. »

On veut des pères ! Comme si le vide provoqué éprouvait le besoin d'être comblé.

Mon expérience de prédicateur de la Parole de Dieu m'a amené à rencontrer de nombreuses personnes. J'ai constaté que les thèmes touchant à la paternité de Dieu et à la paternité-maternité humaine touchent profondément les cœurs.

Des changements s'opèrent dans les âmes et dans les existences quand il y a réconciliation avec Dieu Père, mais aussi avec les parents de la terre.

Dans les deux cas, un chemin de reconstruction intérieure se met en œuvre et est source de grâces pour la personne et tout son entourage.

Plutôt que de dresser une liste d'exemples, prenons deux illustrations révélatrices dans des registres bien différents : Walt Disney et le prix Nobel de littérature.

Le Roi Lion. Avec nos petits-enfants, nous regardons de temps en temps des dessins animés. L'un de leurs préférés est *Le Roi Lion* de Walt Disney. Ils le connaissent par cœur et pourtant le redemandent toujours. Bien sûr, il y a l'exotisme de l'Afrique et les aventures, mais je crois qu'il y a aussi quelque chose de plus profond. Comment ne pas déceler dans le succès du film tous les éléments recherchés de la symbolique du père ?

Eh oui, un petit a toujours besoin :

– d'une présence paternelle qui manifeste de l'amour à sa mère ;

– d'une force qui protège ;

– de quelqu'un qui pose des interdits : « ne pas s'éloigner dans le territoire des hyènes » ;

– d'un regard qui donne confiance ;

– d'une parole qui pardonne ;

– d'un modèle que l'on peut admirer ;

– de quelqu'un à qui l'on veut ressembler. À la fin du film, avez-vous remarqué que l'image du fils reproduit ou prolonge celle du père ?

L'image paternelle est associée à celle du roi respecté des animaux. Cela est manifeste dans la scène du sacre final. Et le fils est devenu père. C'est le cycle de la vie, chanté par le dessin animé…

Dans un domaine bien différent, voici le témoignage émouvant de **Elie Wiesel, prix Nobel de littérature.**

« Mon père, je ne le connaissais pas. Pas vraiment…
L'homme que j'aimais le plus au monde, qui me bouleversait d'un simple regard, en vérité je savais peu de choses de lui, du secret de sa vie intérieure… Ses préoccupations, ses soucis, ses déceptions, il me les cachait. Étais-je trop jeune ou pas assez digne de les comprendre ?
Je me demande si d'autres fils se heurtent au même problème… Un père, pour son fils, n'incarne-t-il pas le mystère à jamais impénétrable de l'ascendance et des origines de l'espèce ? Mon père, je le côtoyais seulement pendant le Shabbat… Parfois, en passant devant la gendarmerie toute proche ou la prison centrale qui donnait sur la grande place, mon père me prenait la main, comme pour me protéger. J'aimais cela et j'aime m'en souvenir. J'étais rassuré, heureux. Soudé à moi, il m'appartenait, nous formions un bloc. Mais il suffisait qu'un fidèle nous rejoigne pour que ma main, désormais inutile, me soit rendue. Mon père devinait-il la peine que j'en éprouvais ? Je me sentais relégué, abandonné, même rejeté.
J'aurais tellement souhaité avoir une conversation, une vraie conversation avec mon père. En tête à tête. Lui parler à cœur ouvert de choses graves ou futiles… Je l'admirais, je le craignais. Je l'aimais, car un fils doit aimer son père. Mais lui, il favorisait les fils des autres. Les faibles, les nécessiteux… Mon père jouissait d'une renommée considérable dans la communauté… Mais, au fond de mon être, je ne comprends pas : il avait du temps pour tout le monde, sauf pour moi. Pourquoi m'écoutait-il distraitement ? Pourquoi ses réponses étaient-elles si brèves ? J'aurais aimé qu'il me raconte son enfance à lui, ses études, ses expériences.

Au camp (de concentration), je n'avais plus d'enfance. Je n'avais que mon père. Mon meilleur ami. Le seul…
Si j'étais motivé, c'était essentiellement par la présence de mon père.
Au camp, nous étions proches, plus proches que jamais. Parce que nous étions peut-être les derniers survivants de notre famille ? Il y avait autre chose : nous étions plus unis parce que **mon père, je l'avais enfin pour moi tout seul**.
À la maison, dois-je le rappeler, il s'absentait trop souvent. Au camp, je le voyais du matin au soir, du crépuscule à l'aube ; je ne voyais que lui. Nous dépendions l'un de l'autre : il avait besoin de moi comme j'avais besoin de lui. À cause de lui, je voulais vivre ; à cause de moi, il essayait de ne pas mourir. Tant que j'étais en vie, il se savait utile, peut-être indispensable. Face à moi, il était l'homme, le père d'autrefois, responsable d'un être, d'une vie. Moi parti, il aurait perdu son rôle, son autorité, bref : son identité. Et inversement : sans lui, ma vie n'aurait plus eu ni sens ni but… Moi, j'ai tenu grâce à mon père. Sans lui, je me serais effondré.
Il me suffisait de le voir, se traînant d'un pas lourd, à la recherche d'un sourire, pour que je le lui offre. Il était mon point d'appui, mon ballon d'oxygène, comme j'étais le sien…
Plus proche de lui, je l'aime plus qu'avant, plus que jamais…
C'est le jour le plus sombre de ma vie. Le plus lourd de sens.
Je suis affaibli, épuisé, malade, mais je veux l'aider, j'ignore comment. Je ferais n'importe quoi. Je lui donnerais volontiers mon sang, ma vie. Je suis prêt à souffrir, à mourir à sa place ; seulement, mon heure n'est pas encore arrivée, la sienne oui…
J'ai seize ans quand mon père meurt. Mon père est mort et je n'ai plus mal. Je ne sens plus rien : quelqu'un est mort en moi, et c'est moi… »

(*Tous les fleuves vont à la mer*, Mémoires-Seuil, p. 11-12-13-14 ; *Au camp de concentration*, p. 105-106, p. 121-122)

III. Le Père, objet de recherche d'un nouveau modèle. Ou quel père voulons-nous ?

Un courant de la psychologie contemporaine – surtout anglo-saxonne – s'efforce d'appréhender le père et la mère de manière pragmatique, expérimentale. Il s'agit de répondre à la question : « Un père, une mère, à quoi ça sert ? » ou encore : « Comment contribuent-ils à la construction psychique de l'enfant ? »

Cette approche opère une distinction éclairante entre deux concepts : **les rôles** et **les fonctions**.

Les rôles présentent les caractéristiques suivantes : ils sont évolutifs et transformables selon les époques et les cultures, en un mot, ils sont relatifs. Ils correspondent à bien des tâches de la vie quotidienne : faire la cuisine, conduire un bus, diriger une réunion, donner le bain à un bébé sont des rôles. Ceux-ci sont interchangeables et peuvent être assumés par l'homme et par la femme. Dans ce cas, il y aura une manière féminine et une manière masculine de remplir ces rôles. Certaines activités d'hier étaient associées à l'homme ou à la femme, mais ont connu une mutation sociologique.

Les fonctions sont d'un autre ordre : elles sont spécifiques et sexuées, et donc non interchangeables. Sur quoi se fonde-t-on pour poser une telle affirmation ? Sur une approche expérimentale qui considère les besoins de l'enfant.

La fonction maternelle représente spontanément, à partir de l'expérience originelle, la sécurité, l'abri, la chaleur, la fusion, la compréhension au sens étymologique : « prendre avec soi, en soi ».

On retrouve cette symbolique dans les archétypes de Jung : la mère est « **source** » qui donne vie et « **enveloppe** » aimante qui protège.

La fonction paternelle peut être comparée à une main à cinq doigts :

– La séparation de la fusion mère-enfant ;

– La filiation et l'inscription dans la généalogie ;

– La protection ;

– L'éducation et la transmission ;

– L'initiation à la loi, à la vie sociale. Les images de l'archétype masculin-paternel seraient la **colonne** (axe) et le **pont**.

Ces fonctions paternelle-maternelle s'exercent dans la complémentarité du couple. Un enfant a besoin des deux pôles pour se construire et s'épanouir. Comme dans le patinage artistique en couple, les gestes de l'un posent les gestes de l'autre. Et, comme dans le patinage, il faut veiller au bon équilibre pour éviter les chutes !

> « Pour ma part, je persiste à penser que pour faire et élever un enfant, on n'a encore rien trouvé de mieux qu'un père et une mère ou, plus exactement, une personne qui exerce la fonction maternelle et une autre la fonction paternelle, ces deux fonctions ne pouvant se confondre. La première apporte les soins de base, la proximité, la continuité, quelque chose qui a à voir avec la contenance et la spatialité ; la seconde, plus intermittente, plus à distance, apporte davantage la notion du temps. C'est dans la complémentarité de ces deux fonctions que l'enfant va puiser les repères qui lui permettront de se trouver lui-même. Insistons cependant sur le fait que, si le père a le droit de se défiler quand le quotidien est paisible, il doit toujours être là lorsque le vent se lève… »
> (*Chacun cherche un père*, Professeur Marcel Rufo, éd. Anne Carrière)

Une approche biblique sur les questions paternelles

En tant que papa et lecteur assidu de la Bible, je suis frappé par **les correspondances entre les fonctions paternelles du père de la terre et celles de Dieu Père** (ou l'inverse).

Les théologiens disent que chaque personne de la Trinité agit dans le monde avec les deux autres. Aucune action n'est à proprement parler l'œuvre exclusive d'une seule personne divine. Dans le Credo de l'Église, au Père est attribué la Création, au Fils la Rédemption, à l'Esprit la sanctification, mais les trois personnes divines agissent toujours ensemble dans chacune de ces œuvres. Ainsi, il est difficile de spécifier le mode d'agir de Dieu Père comme si on excluait le Fils et l'Esprit. Toutefois, il est éclairant d'oser le rapprochement entre les fonctions paternelles de Dieu et celles des hommes, sans systématiser la comparaison, par respect pour la transcendance de Dieu.

Les Sainte Écritures nous présentent Dieu dans son action pour les hommes. Ce sont les œuvres divines qui nous disent qui est Dieu. Ce que Dieu **fait** dans l'Histoire Sainte révèle qui Il **est** :

– Il libère Israël de l'esclavage en Égypte, donc Dieu est Sauveur ;

– Il protège son peuple au désert, donc Dieu est Providence, etc.

Nous retiendrons sept fonctions paternelles majeures attribuées à Dieu dans la Bible.

Comme le Père crée avec le Fils et l'Esprit,
comme le Fils sauve avec le Père et l'Esprit,
comme le Saint-Esprit sanctifie avec le Père et le Fils, nous disons analogiquement que chacune de ces fonctions paternelles s'exerce en lien avec la mère.

La présentation de ce septénaire donne le plan de cet ouvrage.

1. Le Père distingue en séparant (chapitre 3) ;
2. Le Père donne la loi (chapitre 4) ;
3. Le Père est principe de réalité (chapitre 5) ;
4. Le Père reconnaît (chapitre 6) ;
5. Le Père est Tendresse (chapitre 7) ;
6. Le Père est Promesse (chapitre 8) ;
7. Le Père est le lieu d'un conflit nécessaire (chapitre 9).

Cette présentation analytique doit être placée dans le dynamisme de la vie avec Dieu que nous pouvons résumer ainsi :

– Dieu est promesse pour l'homme. Il l'appelle à Lui ressembler (fonction 6) ;

– Pour cela, il met l'homme à part (vocation) et lui donne une identité et une mission propre (fonction 1) ;

– Il trace un chemin de vie qui est structurant : le don de la loi (fonction 2) ;

– Il protège l'homme des risques d'illusion et le réconcilie avec l'incarnation (fonction 3) ;

– Ce chemin est difficile. La croissance est le lieu d'un combat (fonction 7) ;

– Dieu est Amour, Tendresse, « Père au cœur de mère » (fonction 5) ;

– Sans cesse, Il encourage l'homme. Son regard bienveillant réjouit et fait aimer ce que l'homme est et vit (fonction 4).

Ce rapprochement entre pédagogie divine et pédagogie humaine peut nous aider à saisir les véritables enjeux éducatifs : accueillir une autorité aimante qui fait grandir pour être heureux.

Une illustration biblique : Tobit

Le livre de Tobie nous présente le père Tobit du personnage principal qui a donné son nom au livre saint, Tobie. Belle figure paternelle dans laquelle nous allons retrouver nos sept fonctions :

– le père distingue en séparant : Tobie et sa famille vivent en exilés à Ninive (Assyrie). Il veut rester fidèle à son identité juive et ne pas s'assimiler aux païens (Tb 1, 10-11).

– le père donne la Loi :

« Il fit venir son fils Tobie auprès de lui et parla ainsi : Mon enfant, sois tous les jours fidèle au Seigneur. Car, si tu agis dans la vérité, tu réussiras dans toutes tes actions, comme tous ceux qui pratiquent la justice. Prends sur tes biens pour faire l'aumône. Ne détourne jamais ton visage d'un pauvre et Dieu ne détournera pas le sien de toi. Garde-toi, mon enfant, de toute inconduite… Ne prends pas une femme étrangère à la tribu de ton père, parce que nous sommes les fils des prophètes. Ne fais pas attendre au lendemain le salaire de ceux qui travaillent pour toi, mais paie-le tout de suite. Ne fais à personne ce que tu n'aimerais pas subir. Donne de ton pain à ceux qui ont faim et de tes habits à ceux qui sont nus. Prends l'avis de toute personne sage et ne méprise pas un conseil profitable. En toute circonstance, bénis le Seigneur Dieu, demande-lui de diriger tes voies et de faire aboutir tes sentiers et tes projets. » (Tb 4, 5-19)

– le père est principe de réalité :

– dans la cohérence entre sa foi et sa pratique religieuse (Tb 1, 16-17) ;

– dans la volonté de mettre ses affaires en ordre après avoir prié Dieu de lui reprendre sa vie (Tb 3, 6-7 et 4, 1-2) ;

– dans le sens pratique durant l'entretien d'embauche du compagnon de voyage de son fils (Tb 5, 11-14).

– le père est promesse : il envoie son fils en mission pour aller chercher une grosse somme d'argent mise en dépôt par son père vingt ans plus tôt. Notons le lien étroit entre le patrimoine familial (passé) et la projection dans l'avenir. Le voyage dans un pays lointain (à Rhagès en Médie) est une aventure qui va se révéler initiatique (Tb 4, 20-21).

– le père est objet de conflit : Tobit est victime d'une persécution à cause de sa foi (Tb 1, 18-20) et d'une querelle de ménage, son épouse ne voulant pas laisser partir leur fils dans un voyage présentant des dangers (Tb 5, 18-20) (en plus de l'autre scène de ménage de Tb 2, 11-14 !).

– le père est tendresse :

« Alors son père tomba à son cou et il pleura. » (Tb 11, 13)

– le père reconnaît :

– dans la confiance qu'il fait à son fils en l'envoyant en mission ;

– dans l'accueil enthousiaste du choix fait par son fils : avoir pris Sarra pour son épouse (sans avoir demandé l'accord préalable de ses parents), signe de grande confiance en lui.

– dans la bénédiction accordée au jeune couple : *« Sois la bienvenue, ma fille… béni soit mon fils Tobie »* (Tb 11, 17-18).

Vous pouvez faire ce petit travail de recherche avec les autres figures paternelles de la Bible : Abraham, Joseph, Moïse, Josué, David, Esdras, Néhémie, etc.

Exercice pratique à faire en couple

– Comment ai-je vécu ma relation au père durant mon enfance ?

– Est-ce que je me reconnais dans l'attitude de rejet du père ?

– Dans l'attitude du désir de père ?

– Comment je vis ma fonction paternelle (maternelle) ? Mon rôle de père (de mère) ?

– Qu'en pense mon conjoint ?

– Y a-t-il des ajustements à faire dans notre couple ?

– Quant à la façon d'assumer nos fonctions respectives ?

– Quant à la façon de répartir nos tâches (rôles) ?

– Comment pouvons-nous mutuellement nous aider à prendre chacun notre juste place dans le couple et la famille ?

Chapitre 3

Le père distingue en séparant

I. Fonction paternelle dans la Parole de Dieu

Nous allons méditer sur la première fonction paternelle de Dieu dans les cinq domaines suivants :

– La Création de l'univers et du couple ;
– L'élection du père Abraham ;
– La libération d'Israël ;
– La vocation du peuple saint ;
– La mission de Jésus Christ.

1. La Création de l'univers

Dès le premier chapitre de la Genèse, nous voyons Dieu à l'œuvre. Que fait-il ? Il crée le monde. Comment procède-t-il ?

Par séparations. En voici quelques exemples dans le premier récit de la Création (appelé « le récit sacerdotal ») :

« Et Dieu ***sépara*** *la lumière et les ténèbres. »* (Gn 1, 4)

« Dieu fit le firmament qui ***sépare*** *les eaux qui sont sous le firmament d'avec les eaux qui sont au dessus du firmament et Dieu appela le firmament Ciel. »* (Gn 1, 7-8)

> *« Dieu les plaça (le soleil et la lune) au firmament du Ciel pour éclairer la terre, pour commander au jour et à la nuit, pour **séparer** la lumière et les ténèbres. »* (Gn 1, 17)

Pourquoi cette insistance sur la séparation dans l'œuvre de la Création ? Pourquoi Dieu – qui est Tout-Puissant – ne fait-il pas le monde d'un coup ?

Dans ce passage, la Parole de Dieu ne veut pas nous présenter un cours de sciences naturelles, mais bien une vérité théologique.

« Au commencement », il y a « le tohu-bohu » que l'on peut traduire par *« vide et vague »* (BJ). Cela évoque une sorte d'état originel de confusion, d'indifférenciation : tout est mélangé.

Comment Dieu suscite-t-il l'être et la vie ?

En donnant une identité précise à chaque être, en séparant les éléments qui étaient informes.

C'est la raison pour laquelle ce récit souligne l'identité propre de chaque être vivant qui doit se déployer « selon son espèce ».

> *« Dieu créa tous les êtres vivants qui glissent et qui grouillent dans les eaux **selon leur espèce**, et toute la gent ailée **selon leur espèce**. Dieu dit : « que la terre produise des êtres vivants **selon leur espèce** : bestiaux, bestioles, bêtes sauvages **selon leur espèce**, les bestiaux **selon leur espèce** et toutes les bestioles du sol **selon leur espèce** et Dieu vit que cela était bon. »* (Gn 1, 21 et 24-25)

Les nombreuses répétitions du terme *« selon leur espèce »* et le lien avec l'affirmation redoublée : *« et Dieu vit que cela était bon »* nous communiquent un message simple : Dieu a fait un « bon travail » en sortant tout ce qui existe de l'état primordial de confusion. Il fait œuvre de séparation pour faire exister chaque chose de façon unique. Dieu fonde l'identité de tout ce qui est « au ciel, sur terre et dans les mers », c'est-à-dire partout.

Dieu ne veut pas de mélanges ni de croisements chez les êtres parce qu'Il veut que soit respecté le caractère unique de chaque existant.

Cette obsession biblique se présente comme une pièce de monnaie à deux faces :

– côté pile : respect de l'identité propre, de la différence ;

– côté face : horreur du mélange et de la confusion.

Elle va s'exprimer dans des observances de la Tora qui touchent la vie quotidienne :

> *« Tu n'accoupleras pas dans ton bétail deux bêtes d'espèce différente, tu ne sèmeras pas dans ton champ deux espèces de graine, tu ne porteras pas sur toi un vêtement en deux espèces de tissu. »* (Lv 19, 19)

Et encore :

> *« Une femme ne portera pas un costume masculin, et un homme ne mettra pas un vêtement de femme… »* (Dt 22, 5)

Ne vous inquiétez pas, sainte Jeanne d'Arc a porté des habits masculins pour accomplir sa mission militaire et fut quand même canonisée ! Ne faisons pas une lecture fondamentaliste de ces versets, mais comprenons le sens profond de cette séparation omniprésente dans le message biblique.

Pour résumer, il s'agit d'une séparation positive afin que chaque être soit « lui-même » et trouve sa juste place dans l'architecture du cosmos.

La séparation de la fonction paternelle consiste, selon l'heureuse formule de Jacques Maritain, à « distinguer pour unir ».

Les récits de la Création de l'homme et de la femme (Gn 1 et 2) expriment clairement l'**égalité** et la **différence** voulues par Dieu. Le Catéchisme de l'Église catholique donne une synthèse du message biblique.

> « L'homme et la femme sont créés, c'est-à-dire ils sont voulus par Dieu : dans une **parfaite égalité** en tant que personnes humaines, d'une part, et d'autre part dans leur être respectif d'homme et de femme. "Être homme", "être femme" est une réalité bonne et voulue par Dieu : l'homme et la femme ont une dignité qui leur vient immédiatement de Dieu leur créateur.
> Créés ensemble, l'homme et la femme sont voulus par Dieu **l'un pour l'autre**. La Parole de Dieu nous le fait entendre par divers traits du texte sacré.
> L'homme et la femme sont faits "l'un pour l'autre" : non pas que Dieu ne les aurait faits qu'"à moitié" et "incomplets" ; il les a créés pour une communion de personnes, en laquelle chacun peut être "aide" pour l'autre parce qu'ils sont à la fois égaux en tant que personnes (*"os de mes os…"*) et **complémentaires** en tant que masculin et féminin. » (CEC § 369 à 372)

2. L'élection du père Abraham

Le peuple d'Israël se reconnaît comme descendance d'Abraham. Le patriarche est père du peuple élu ; il a été lui-même choisi par Dieu.

> *« Quitte ton pays, ta parenté et la maison de ton père, pour le pays que je t'indiquerai. Je ferai de toi un grand peuple, je te bénirai, je magnifierai ton nom, sois une bénédiction ! »* (Gn 12, 1-2.)

Abraham est **séparé** car il doit vivre une mise à part pour Dieu ; celle-ci comporte plusieurs arrachements :

– Avec son pays d'origine (Haran en Mésopotamie) : *« Quitte ton pays »* ;

– Avec une partie de sa famille : *« Quitte ta parenté »* ;

– Avec ses racines ancestrales : « *Quitte la maison de ton père* ».

Ces séparations/renoncements ne sont pas des souffrances inutiles, mais sont les moyens nécessaires pour entrer dans la bénédiction de Dieu. Le mot « bénédiction » revient à plusieurs reprises dans ce récit de vocation, la séparation imposée par Dieu étant au service du bonheur de l'homme.

3. La libération d'Israël ou la Création du peuple de Dieu

C'est une nouvelle étape dans l'Histoire sainte. Dans le livre de la Genèse, la descendance d'Abraham, d'Isaac et Jacob constitue un clan, une tribu, avec un nombre restreint de membres : « *Total des personnes de la famille qui vinrent en Égypte : 70.* » (Gn 46, 27)

Et la descendance devient plus nombreuse, signe de la bénédiction divine. Le terme de « peuple » n'apparaît qu'au moment où les Israélites sont en Égypte (Ex 1, 9).

Ceux-ci vont connaître l'esclavage en vivant « au milieu » des Égyptiens et Dieu va les libérer en envoyant Moïse.

La sortie d'Égypte va être la véritable naissance du peuple de Dieu. Si le récit de la vocation d'Abraham représente la « conception », le passage de la mer Rouge constitue « l'accouchement » du peuple élu.

Comment Dieu agit-il ? Encore par séparations.

Dans le miracle de la mer Rouge (Exode 14), nous pouvons repérer une double séparation :

– D'une part, la séparation des deux peuples par Dieu lui-même dont la Présence est signifiée par la « *colonne de nuée* ». Celle-ci, comme un mur invisible, empêche les deux parties en présence d'être en contact l'une avec l'autre (Ex 14, 19-20) ;

– D'autre part, la séparation des eaux de la mer qui laissent passer le peuple de Dieu et se referment sur l'armée de Pharaon (Ex 14, 21-29).

L'œuvre du salut s'opère encore dans une séparation bienfaisante.

4. La vocation du peuple saint

Tout au long de l'Histoire sainte, la tentation principale du peuple de Dieu sera de devenir comme les nations environnantes. Imiter leurs coutumes, se mélanger à elles par des mariages « mixtes » constituera un risque permanent de perdre son identité, de renier sa vocation.

Le syncrétisme religieux, le mélange spirituel seront sans cesse dénoncés dans la Loi et les prophètes. En voici un exemple dans le testament de Josué :

> « *Montrez-vous donc très forts pour garder et accomplir tout ce qui est écrit dans le livre de la Loi de Moïse sans vous en écarter ni à droite ni à gauche, sans vous mêler à ces populations qui subsistent encore à côté de vous. Vous ne prononcerez pas le nom de leurs dieux, vous ne les invoquerez pas dans vos serments, vous ne les servirez pas et vous ne vous prosternerez pas devant eux. Au contraire, vous vous attacherez au Seigneur votre Dieu, comme vous l'avez fait jusqu'à ce jour.* » (Jos 23, 6-8)

Au moment où les Israélites vont s'installer en Canaan, Josué nomme l'enjeu de la situation :

– D'un côté, c'est une **grâce** puisque la promesse de Dieu se réalise dans le don de la Terre Promise ;

– D'un autre côté, c'est un **risque**. Les Israélites étaient protégés dans leur foi monothéiste par leur isolement au désert.

En s'installant en Canaan, ils vont changer de vie.

Les Cananéens ont une religion avec des divinités masculines et féminines (les Baals et les Astartés). Elle fascine les nouveaux venus car elle associe la mystique des forces de la nature, l'utilitaire (efficacité de l'économie) et la sacralisation de l'*éros* (relations sexuelles avec des prostituées sacrées pour mimer les relations des Baals et des Astartés).

La tentation sera pour Israël, soit de substituer au Dieu Unique les Baals cananéens, soit de mélanger le Dieu des pères avec la religion païenne.

Comment ?

– En commerçant avec les populations locales. L'acte d'acheter et de vendre, d'établir des contrats est souvent précédé de l'invocation des dieux pris à témoin ;

– En se mariant avec les gens du pays, ce qui entraîne un mélange religieux.

C'est la raison pour laquelle Josué demande la séparation, la « **mise à part** » pour protéger la vocation d'Israël.

5. La séparation dans la mission de Jésus

Jésus est le Révélateur du Père : Il est image du Père, Parole du Père. Lui aussi, comme son Père, sépare pour distinguer.

En voici quelques exemples parmi bien d'autres :

– Il sépare les douze apôtres, les met à part des foules pour fonder l'Église (Mt 10, 1-4) ;

– Il sépare en utilisant fréquemment la forme rhétorique de l'alternative « ou bien, ou bien » :

– Dieu et l'Argent : « *Nul ne peut servir deux maîtres… Vous ne pouvez servir Dieu et l'Argent* » (Mt 6, 24) ;

– Les deux chemins : vie ou perdition : « *Entrez par la porte étroite. Large, en effet, et spacieux est le chemin qui mène à la perdition, et il en est beaucoup qui s'y engagent ; mais étroite est la porte et resserré le chemin qui mène à la Vie, et il en est peu qui le trouvent* » (Mt 7, 13) ;

– Vrais et faux prophètes (Mt 7, 15) ;

– Vrais et faux disciples (Mt 7, 21).

Saint Jean présente ces oppositions dès le Prologue (lumière/ténèbres ; accueil/refus) et les prolonge dans tout son Évangile. Si le démon se complaît dans les situations floues, le Christ, Lui, pose des lignes de démarcation très nettes.

> « *Que votre langage soit : Oui ? Oui, Non ? Non : ce qu'on dit de plus vient du Mauvais.* » (Mt 5, 37)

Pour résumer, Jésus, le Fils du Père, réalise cette fonction de séparation pour donner l'identité en :

– **Arrachant** l'homme au pouvoir des puissances du Mal (les exorcismes des Évangiles) : « *C'est pour détruire les œuvres du diable que le Fils de Dieu est apparu* » (1 Jn 3, 8) ;

– **Détachant** l'homme du péché (les récits du pardon des péchés) pour lui donner d'entrer dans une vie de personne réconciliée (avec Dieu, les autres, soi-même) ;

– **Donnant** une nouvelle naissance ou vie surnaturelle (Jn 3, entretien avec Nicodème).

Il prépare l'homme à vivre une ultime séparation, celle de la vie sur la terre, pour entrer dans le Royaume du Père, la vie céleste. Son royaume n'est pas de ce monde.

Même si l'existence sur la terre est une bonne chose, un don de Dieu, il faudra s'en séparer pour vivre une vocation plus belle : la vie éternelle.

La mort est un arrachement, une séparation qui fait pleurer (Jn 11, 35), mais c'est la condition pour entrer dans la Vie.

« Amassez-vous des trésors dans le Ciel. » (Mt 6, 20)

C'est la raison pour laquelle Jésus nous invite à ne pas craindre certains renoncements afin d'être dignes du Royaume des Cieux (Mt 18, 8-9).

En résumé, dans les Saintes Écritures, le Seigneur se fait connaître dans ses œuvres de création et de salut. Il se révèle comme un Père qui aime un monde dans lequel se conjuguent l'unité (du Cosmos, du dessein de Dieu dans l'Histoire sainte) et la diversité (des créatures, des vocations et des charismes dans le peuple de Dieu.)

Au sommet de la Création, au cœur de l'Histoire sainte, Dieu place l'homme et la femme en qui se trouvent l'unité et la différence.

Pour cela, il use fréquemment d'un moyen : la séparation. C'est ainsi qu'il donne à chacun son identité propre, sa fonction unique.

II. La fonction paternelle de séparation dans la vie

En quoi cette réflexion biblique a-t-elle quelque chose à nous dire pour notre vie ?

Les parents, ensemble, ont à réaliser cette œuvre pour leur enfant : l'aider à accueillir son identité, à la construire, à l'aimer. Ils doivent révéler à celui-ci son caractère unique. Toutefois, le père a un rôle particulier à jouer dans ce domaine.

La relation triangulaire

La psychologie contemporaine, à partir des intuitions de la psychanalyse, a approfondi la relation triangulaire père/mère/enfant.

– **Au commencement**, il y a l'enfant dans le sein maternel. C'est la fusion originelle. La femme porte l'enfant en elle ; l'enfant est dans la femme.

« L'attachement » est biologique, charnel, mais engage toute la personne, corps et âme. Dans l'univers primordial du bébé, deux réalités structurantes ne sont pas encore posées : l'altérité et le temps.

La différence entre le moi et l'autre est abolie. Le bébé et la maman ne font qu'un. La maman assume la satisfaction immédiate de tous les besoins (sécurité, chaleur, nourriture). Il n'y a pas de temps entre le désir et la réalisation. Avec des nuances selon les tendances, les psychologues nous rappellent que demeure souvent en l'homme un rêve inconscient persistant : revenir à l'état de la fusion originelle avec la mère, retrouver le stade de l'indifférenciation. L'individu peut chercher dans des expériences collectives (sportives, politiques, religieuses) à se fondre dans le grand tout de la masse (du stade, de l'église ou du meeting) pour retrouver le sein maternel.

– **La fonction paternelle** du père réel (ou du père symbolique) est de rompre la relation fusionnelle mère/enfant. Par cette séparation, le père empêche la régression et aide chacun à s'approprier son identité.

– L'enfant comblé de tendresse peut vouloir prolonger cet état dans lequel tous ses désirs sont satisfaits de façon presque immédiate. Sans le processus de séparation, il peut devenir un tyran assujettissant la mère à tous ses besoins et demeurer dans l'illusion de la toute-puissance : il crie… et cela est…

– La femme peut connaître la tentation de s'enfermer dans

la maternité et de former un « couple » avec son enfant, surtout si elle manque d'affection de la part de son mari. Elle délaisse son identité d'épouse pour faire corps avec le bébé. Le lien mère-enfant peut constituer un monde clos, replié sur lui-même, enfermant chacun des deux termes de la relation.

Le papa aide l'enfant – surtout lors de l'étape des trois ans – à se séparer de la mère pour renoncer au fusionnel et trouver son identité à exister comme autre, distinct de la mère. Il lui faut « se séparer pour se trouver ». La séparation paternelle permet à l'enfant de ne pas s'approprier la mère, de ne pas la manipuler ; elle lui apprend à partager la mère en lui montrant que celle-ci appartient aussi à son père.

Dans les représentations culturelles de différents pays et de différentes époques, le père est perçu, dans cette fonction de séparation, comme principe d'altérité (l'Autre) ; il symbolise une action extérieure qui établit une distance (la transcendance) alors que la mère évoque la proximité, l'immanence.

Xavier Lacroix compare le père à un « passeur » qui aide à opérer le passage – la Pâque – du monde de l'intimité maternelle au monde social. Il fait « sortir de » ; il renvoie à plus grand que lui.

Dans le témoignage suivant, **Jean-Paul** établit un lien entre la fonction paternelle de séparation qui n'a pas pu fonctionner dans son enfance et son orientation homosexuelle à l'adolescence.

> « Avant de trouver le Seigneur, ou plutôt avant que Lui ne m'interpelle au détour d'une église, je n'avais du père qu'une vision négative, faite de règles sans consistance. En effet, mon papa terrestre était souvent absent de la maison pour des raisons professionnelles et c'est ma maman qui faisait office de chef de famille. Ma mère dirigeait d'une main ferme toutes les affaires

familiales, sans même en référer à son époux. J'étais ébloui par son sens de l'organisation.

Quant à mon père, j'étais sans cesse en opposition avec lui car il reflétait ce que je ne voulais pas devenir, c'est-à-dire un homme passif, "dominé", ne prenant jamais aucune initiative. J'aurais tant aimé avoir pour père un papa héros !

Aussi, très tôt, je me suis pris d'une vénération sans borne pour ma mère. Je ne voyais pas en elle la femme de mon père, l'épouse. Un effet de sublimation me faisait nier cette partie de sa personne. C'est pourquoi, à l'adolescence, c'est tout naturellement que j'ai opté pour des relations homosexuelles. Je m'explique : influencé par le modèle féminin que me donnait ma mère, il m'était difficile de voir dans une femme un être avec lequel je pouvais sans problème avoir des rapports intimes : il me semblait la violer, ne pas la respecter.

Alors qu'avec un homme, cela m'était plus facile ; en effet, le partenaire devenait pour moi soit un "autre père", soit un fils, l'enfant que je n'ai jamais pu avoir.

La morale était évidemment mise hors circuit car la seule chose qui m'importait était la recherche du plaisir et la multiplicité des partenaires.

Ce choix sexuel ne s'est évidemment pas fait consciemment contre mon père. Vivre sans désirer l'autre sexe reste une souffrance à laquelle j'ai pallié de cette manière, mais ce n'était pas un choix délibéré. On ne vit pas en marge par plaisir.

Cette partie de ma vie a eu des conséquences graves ; toutefois, malgré cette opposition à mon père, il m'a été permis de rencontrer un jour le Vrai Père.

Je fus bouleversé, lors du décès de mon ami, quand Jésus, le Verbe, est venu à ma rencontre. Il m'a invité à sa table où j'ai pris conscience de son existence pour moi. Il m'interrogeait, me parlait, me demandant de faire mourir le vieil homme, moi qui durant tant d'années avais refusé toute croyance. Dans cette découverte de Dieu, Il est venu me toucher jusqu'au plus profond de mon être en me guérissant physiquement et spirituellement, me libérant de tout désir immoral. Maintenant que je l'avais

trouvé, ce Père Éternel, à quoi bon en rechercher d'autres qui n'auraient à offrir que plaisirs immédiats, banals et factices ?
Après de longues années à difficilement vivre mon nouvel état d'homosexuel croyant, le Seigneur m'a délivré de ces habitudes homosexuelles. Il m'a offert la plénitude de la foi, alors que, durant toutes les années où j'avais été enseignant en philosophie, l'idéologie marxiste à laquelle j'adhérais me faisait considérer mes relations déviantes comme sinon morales, du moins naturelles, au nom de ma liberté d'agir et de penser.
Ayant abandonné aujourd'hui toute pratique homosexuelle, j'ai pu aussi me réconcilier, me relier avec celui qui reste, malgré tout, mon papa terrestre.
Après trente années, malgré la maladie, les critiques, les jugements négatifs... aujourd'hui je connais une "Vie nouvelle" remplie de l'Amour de Dieu.
Cette vie me donne un regard neuf sur mon passé, ma vie et je suis heureux du chemin parcouru. Je suis comblé, car je suis enfant de Dieu. »

> « Quand il n'y a pas de "père psychique", l'enfant ne peut pas échapper à la toute-puissance de cette mère dévorante. Pour trouver un semblant de libération, il cherche un père extra-familial, un substitut paternel. Il trouve alors un chef de bande, un membre politique, un père charismatique, un fondateur de secte. Le manque de père l'a rendu apte à se soumettre... pour échapper à sa mère ! L'idéal du moi chimérique des enfants sans père, sans modèle d'identification affective, mène à l'amour du "même" qui s'exprime jusqu'à la caricature dans la psychologie des masses. »
>
> (*Sous le signe du lien*, Boris Cyrulnik, éd. Hachette pluriel)

Le témoignage de Jean-Paul confirme les conclusions de Tony Anatrella (psychanalyste et spécialiste en psychiatrie sociale) : le déficit de la fonction paternelle et la perte de la référence et de la symbolique des sexes favorisent un climat de confusion des sexes et une difficulté à élaborer son identité d'homme et de femme.

Chaque sexe porte en lui « la différence », qui est une source de mystère et d'attraction pour l'autre sexe, et le « même », qui est commun aux deux.

Cette différence est une réalité. Elle est perceptible dans la vie quotidienne et dans les créations artistiques de toutes les époques, dans toutes les cultures. Malheureusement, elle a souvent été utilisée pour justifier des injustices et des discriminations. La différence existe, facile à percevoir, mais délicate à nommer.

C'est sans doute une des raisons du succès populaire des ouvrages de John Gray comme *Les hommes viennent de Mars, les femmes de Vénus* ou de séries télévisées du genre *Un gars, une fille*. Les différences hommes/femmes sont mises en scène dans des comportements de la vie quotidienne.

Le débat sur « l'inné et l'acquis », « la nature et la culture », n'est pas abordé. On se contente de présenter des situations concrètes et des réactions contrastées. Pour le spectateur, les mécanismes de reconnaissance et d'identification fonctionnent : « C'est bien vrai ; ils (elles) sont comme ça », « Il (elle) réagit comme moi en pareille situation – je ne suis pas le (la) seul(e) dans mon cas. »

Cela fait penser aux artistes que l'on rencontre sur les marchés, l'été : ils proposent de vous faire le portrait en découpant votre profil sur une bande de papier. C'est souvent bien vu, parfois caricatural.

L'exemple suivant n'est pas fondé sur la Parole de Dieu, c'est une présentation personnelle.

Entretien (à peine fictif) avec un couple venu à un accompagnement spirituel ou l'histoire « du portefeuille et du sac à main ».

« **Elle :** Monsieur, je l'aime mon mari, mais il m'énerve ! il m'agace avec ses cases et compartiments. Il est comme son portefeuille. Tout est classé, trié : un document par étui, un pour les papiers d'identité, un pour la carte bancaire, un pour le permis de conduire, un endroit pour l'argent, mais pas de quoi mettre une photo de sa femme ou de ses enfants !
Tenez, pas plus tard qu'hier, nous avons eu un coup de fil avec notre fils étudiant. Il n'était pas très bien, car cela ne va plus entre lui et sa copine. Il voulait nous parler. En général, c'est plutôt à sa mère qu'il se confie. Mais quand il y a un coup dur, il veut aussi parler à son père. Mon mari a été très bien au téléphone. Il a écouté, posé de bonnes questions, donné de bonnes pistes. Ça, je n'ai rien à dire. Mais à peine la conversation finie, mon mari pose le combiné, regarde sa montre et me dit : "Je vais voir le match de foot à la télé, ça commence maintenant !"
Et il a passé la soirée devant son poste comme si de rien n'était... Moi j'étais mal, j'aurai voulu qu'on en parle. D'ailleurs, j'y ai pensé toute la soirée, j'ai mal dormi et monsieur a dormi comme un loir, comme s'il était passé à autre chose.
Il a vraiment des cases dans sa tête et dans son cœur. Quand il est au travail, il ne veut pas que j'appelle car "le travail c'est le travail" et quand il est à la maison, il ne veut pas parler de son entreprise car "il n'est plus au boulot" et n'a pas envie d'y revenir. Ça me rend folle.
Lui : Ma femme exagère toujours ; elle, elle est comme son sac à main ! C'est rempli d'un tas de choses, c'est pour cela que je l'aime, mais – excusez-moi – c'est un peu le bazar. Tout y est ; les clefs de voiture, de l'appartement, une trousse de maquillage, des photos d'enfants, un évangile (elle est très spi), des coupons de promotion dont la moitié sont périmés et un tas de trucs pas vraiment nécessaires. Avec elle, c'est un peu comme dans le sac à main. Si son flacon de parfum a une fuite, c'est tout le contenu du sac qui est parfumé, si son stylo coule, c'est tout l'ensemble qui est taché. Elle mêle des trucs qui n'ont rien à voir : l'autre jour, j'aurai bien voulu que l'on

ait une relation sexuelle et elle n'y tenait pas. Quand je lui ai demandé pourquoi, c'était parce que ses parents ne pouvaient pas venir le week-end suivant ! Je n'ai toujours pas compris le rapport entre les deux ! »

Mon fils m'a fait lire son mémoire de fin d'études d'urbanisme. Je suis très fier de lui. Je n'ai pas tout compris car c'est assez technique ; j'ai quand même retenu une image qui illustrera notre propos :

– **La ville traditionnelle** est close par une enceinte, regroupée autour d'un centre. Tout y est rassemblé : les lieux d'hébergement, de travail, de loisirs, de culte, les commerces ; espace unifié pour le meilleur et le pire.

Le meilleur : s'il y a un marché, une fête foraine, des mariages ou le passage du Tour de France, toute la ville est en fête.

Le pire : si la rivière est en crue, toutes les maisons sont les pieds dans l'eau ; si un incendie se déclare dans un quartier, toute l'agglomération est enfumée.

Il me semble que bien des femmes ont des comportements de type « sac à main » ou « ville traditionnelle ». Elles sont unifiées dans tout leur être. Ce qui a un retentissement dans un domaine interagit rapidement sur tous les autres. Les vécus de l'âme ont souvent des influences sur le corps lui-même (réactions psychosomatiques).

Dans la ville traditionnelle, les quartiers des facultés de l'âme communiquent directement : l'intelligence, la volonté, la mémoire, l'imagination, les sentiments et les émotions.

C'est une richesse et cela peut être parfois une limite, en cas de bouleversement émotionnel.

– **L'urbanisme sectoriel.** Après la Seconde Guerre mondiale, de nombreuses villes ont changé d'aspects. La tendance des urbanistes a été de construire des espaces spécialisés, réservés à une fonction : l'habitat (avec grands ensembles ou zones pavillonnaires), le travail (zone industrielle), les loisirs. Cette nouvelle organisation dépend des infrastructures routières et des transports en commun (autoroute, rocade, métro).

Cette ville moderne est conçue selon le modèle rationnel des usines Ford et des théories de production de Taylor.

C'est efficace, mais les différentes parties de la ville sont dissociées. Survient une forte intempérie (neige) ou la grève des transports et les secteurs sont isolés, sans communication.

Bien des hommes ont un mode de fonctionnement « portefeuille » ou « urbanisme sectoriel ». C'est une richesse et cela présente aussi des limites. Dans des cas extrêmes, la sectorisation peut tolérer des séparations douteuses dans les domaines affectifs et sexuels, une case « épouse et mère » coexistant avec une case « maîtresse ou aventures sans lendemain ».

Dans notre mariage et dans l'accompagnement des couples, nous avons remarqué, mon épouse et moi, que connaître le mode de fonctionnement de son conjoint est important. Cela permet une aide mutuelle. Si les différences évoquées plus haut avec des images se retrouvent dans le couple, la femme peut apporter sa contribution pour aider l'homme à s'unifier autour d'un centre, celui-ci étant souvent le couple, la famille, l'amour.

Nous avons constaté que bien des épouses sont reconnaissantes à leurs maris de les écouter, de les encourager à exprimer leurs sentiments, mais aussi de leur permettre de nommer ce qui ne va pas, puis de distinguer les niveaux, de prendre de la distance.

L'homme ne doit surtout pas intervenir pour proposer sa solution : « Tu devrais faire ça », mais offrir des « espaces de rangement » pour remettre les choses et les événements à leur juste place.

C'est aussi ce que font les pères spirituels les plus appréciés : distinguer pour unir.

Dans le domaine de l'éducation

Bien des parents sont inquiets de voir leurs enfants évoluer dans un climat baigné de relativisme : « Toutes les idées, tous les comportements se valent. » Le discours social dominant martèle ce prêt-à-penser mensonger sur tous les tons.

Les parents ensemble, et le père dans sa fonction, doivent aider leur enfant en travaillant à « séparer », « distinguer », donner une identité nette à certaines convictions pour sortir du règne de la confusion des valeurs.

Exercice pratique à faire en couple

– Est-ce que je me reconnais, comme homme (femme) dans les images évoquées (portefeuille, sac à main, villes) ? Si oui pourquoi, si non pourquoi ?

– Est-ce que je reconnais mon conjoint dans ces images ? En quoi oui, en quoi non ?

– Et si nous prenions un temps en couple pour parler de nos enfants ?

– Percevons-nous des domaines particuliers dans lesquels un « travail de séparation » serait nécessaire ou profitable ?

Cela varie selon les âges et les centres d'intérêt. Séparer (ou aider le jeune à séparer) engage les deux facultés hautes de l'âme : l'intelligence et la volonté. L'intelligence pour opérer un discernement, la volonté pour choisir des orientations.

Négativement : cela peut être – en fonction des âges – d'interdire ou de mettre en garde contre des influences nocives (livres, films, relations toxiques, groupes).

Positivement : pour inviter à choisir des activités enrichissantes, des amitiés saines, des initiatives constructives, des loisirs qui favorisent l'épanouissement de la personne.

Une fois que les parents ont retenu les points qui leur semblent essentiels, il reste à choisir le bon moment et la meilleure personne pour en parler. Dans certains cas, cela passera mieux avec maman, dans d'autres avec papa ; parfois encore, avec les deux parents.

Rappelons-nous la perspective biblique : séparer, c'est distinguer pour une œuvre positive. Il ne faut pas « casser » (comme disent les jeunes), mais poser des lignes claires. L'idée de contrat, pratiquée par certains éducateurs, peut aider, car cela permet de nommer les clauses de la convention, de préciser les comportements à adopter concrètement.

III. Prière

Introduction à la prière

Les deux blessures principales liées à cette fonction paternelle peuvent être occasionnées par « défaut » ou par « excès ».

– **Par défaut :** souffrir d'une absence de père soit parce qu'il est physiquement absent (décès, départ de la famille), soit parce que la figure paternelle est faible : père dominé par sa femme, ne pouvant exercer son autorité. Cela n'aide pas l'enfant « à couper le cordon » avec la mère ou le milieu familial, à oser exister par lui-même. Ce manque suscite des

« Tanguy » qui, comme dans le film d'Etienne Chatilier, n'osent pas affronter le monde.

– **Par excès** : la figure paternelle dominatrice, écrasante, peut réaliser la fonction séparatrice, mais de façon violente, sans amour. Le père est alors perçu comme celui qui nie l'identité et non comme celui qui la fait advenir. L'enfant peut en vouloir à celui qui le blesse ou qui fait souffrir sa mère par son comportement brutal. La figure du père (et donc de l'homme) est alors associée à la violence, au pouvoir abusif, à l'oppression.

Les symptômes de cette blessure concernant la fonction de séparation sont souvent repérables à la difficulté de poser son identité personnelle (confusion et indétermination dans la vie affective et sexuelle) et sa personnalité (incapacité de se positionner, de s'affirmer, de dire non).

Cela peut donner des tempéraments « caméléon » qui prennent la couleur de l'entourage pour passer inaperçus, faire plaisir à l'autre, fusionner.

La personne semble influençable en adoptant facilement le point de vue des autres et en niant ses aspirations personnelles pour ne pas s'opposer et risquer la confrontation, le conflit.

L'individu peut même se perdre dans le groupe et se sentir en sécurité dans un milieu ambiant qui pense et décide à sa place. La liberté personnelle est alors sacrifiée pour obtenir à ce prix une sécurité affective.

Prions

Père très bon,
Je suis ton enfant bien-aimé par ton Fils Jésus le Christ.
Ton Esprit Saint m'éclaire et me donne de voir les ombres et les lumières de ce que j'ai vécu avec mon père.
Je te remercie pour les lumières, pour les choses bonnes et belles. Sois béni, sois loué pour cela.
Je te remets les ombres, les blessures que je ressens.
Je les dépose au pied de la Croix de Jésus qui a porté sur Lui le péché du monde.
Je te demande de plonger dans ta Miséricorde infinie tout ce que je t'offre maintenant, les mystères joyeux et douloureux de ma relation avec mon père.
J'ai confiance en Toi.
Je te remercie de ce que tu viens guérir, restaurer, renouveler par Jésus Christ Ton Fils.
Amen.

Chapitre 4

Le père donne la loi

I. Dans la Parole de Dieu

Je vous propose un rapide parcours biblique en trois étapes. À chacune des étapes correspond un lieu symbolique :

1. Le don de la Loi au jardin d'Éden (Gn 2) ;
2. Le don de la Loi au mont Sinaï (Ex 20) ;
3. Le don de la Loi au mont des Béatitudes (Mt 5 à 7).

1. Le don de la Loi au jardin d'Éden

Nous voici au paradis terrestre. Dieu a créé l'homme, corps et âme (Gn 2, 7), et l'a placé dans ce lieu pour *« le cultiver et le garder »* (Gn 2, 15).

Dans ce récit, quelle va être la première parole que Dieu adresse à l'être humain ?

> *Et le Seigneur Dieu fit à l'homme ce* ***commandement*** *: « Tu peux manger de tous les arbres du jardin. Mais de l'arbre de la connaissance du bien et du mal, tu ne mangeras pas, car le jour où tu en mangeras, tu mourras. »* (Gn 2, 17)

La première parole est un « **commandement** » (BJ), « une prescription » (Tob) exprimant un interdit (tu peux/tu ne peux pas). Les commentateurs de la tradition juive et chrétienne y ont vu une parenté avec le vocabulaire de la Tora. Il s'agit ici du don originel de la Loi.

Quels sont les caractères de cette Loi ?

– **Une loi transcendante** : elle n'est pas inventée par l'homme, mais par Dieu qui manifeste son autorité sur la créature.

– **Une loi porte-bonheur** : l'œuvre de Dieu est *« très bonne »*. L'être humain est présenté comme le chef-d'œuvre qui couronne toute la création. Il lui est donné une extraordinaire dignité : être *« image et ressemblance de Dieu »*. Le Créateur veut le bien de l'homme : *« Dieu les bénit. »* (Gn 1, 28) Dans ce contexte, on peut comprendre le sens du commandement : c'est pour le bonheur que Dieu donne la Loi.

– **Une loi dans une relation personnelle**. Adam et Ève ne trouvent pas dans le paradis terrestre un panneau avec un règlement intérieur comme dans un terrain de camping. Le commandement divin n'est pas impersonnel ; il s'inscrit dans une relation dans laquelle le « je » de Dieu rencontre le « tu » de l'homme (« tu peux… ») La loi se donne dans une relation d'amour.

– **Une loi qui s'adresse à une liberté**. Les végétaux et les animaux ne reçoivent pas de commandements. Ils sont régis par des lois naturelles et des instincts. La personne humaine, elle, n'est pas programmée comme une machine ; elle a une capacité de choix, de libre arbitre. Elle peut dire « oui » ou « non », consentir ou rejeter une proposition, même si celle-ci vient de Dieu. La liberté est « un signe privilégié de l'image divine » (CEC § 1705).

– **Une loi qui pose une limite** : « Bienheureux interdit ». La prescription divine est raisonnable ; elle éclaire l'intelligence en se référant à la réalité : il existe un abîme infranchissable entre Dieu et l'homme. L'interdit sépare pour distinguer la nature divine et la nature humaine, le Créateur et la créature. Dieu est Saint, Infini, Éternel, Tout-Puissant, Omniscient, et l'homme est limité dans le temps et l'espace, dans son être et son agir. L'interdit du commandement est un moyen qui aide l'homme à accueillir la réalité telle qu'elle est : l'homme ne peut être Dieu ; il n'est pas sa propre origine ; son être est reçu d'un Autre. L'interdit ne permet pas à la créature de transgresser les limites de la condition humaine, de la finitude. *« De l'arbre de la connaissance du bien et du mal, tu ne mangeras pas »* Il ne recherche pas l'humiliation de l'homme ; c'est une protection, un garde-fou contre la tentation de la démesure, de l'illusion de la toute-puissance.

Devant lui, Adam a une loi posée, antérieure, extérieure et supérieure à lui. Il ne fait pas la loi ; il n'est pas le créateur du bien et du mal.

2. Le don de la Loi au Sinaï (Ex 20, 1-17)

« Dieu prononça toutes ces paroles et dit : "Je suis le Seigneur, ton Dieu, qui t'a fait sortir du pays d'Égypte, de la maison de servitude. Tu n'auras pas d'autres dieux devant moi…
Tu ne prononceras pas le nom du Seigneur ton Dieu à faux […].
Tu te souviendras du jour du sabbat pour le sanctifier…
Honore ton père et ta mère […].
Tu ne tueras pas.
Tu ne commettras pas d'adultère.
Tu ne voleras pas.

Tu ne porteras pas de témoignage mensonger contre ton prochain.
Tu ne convoiteras pas la maison de ton prochain.
Tu ne convoiteras pas la femme de ton prochain, ni son serviteur, ni sa servante, ni son bœuf, ni son âne, rien de ce qui est à ton prochain. " » (Ex 20, 1-17)

Quelles sont les particularités de cette Loi ?

– **Elle est transcendante.** C'est une loi qui vient de Dieu et non des hommes. Elle n'a pas pour auteur un roi illustre comme le code d'Amourapi ; elle n'est pas non plus le résultat d'un « contrat social » établi par le peuple d'Israël. Quand on parle de loi « de Moïse » (ou mosaïque), ce n'est pas pour dire que Moïse en est le législateur, mais plutôt le médiateur. Dieu donne cette Loi au peuple par l'intermédiaire de Moïse. Dieu est bien l'auteur de ce Décalogue.

« *Dieu lui remit les deux tables du Témoignage, tables de pierre écrites du doigt de Dieu.* » (Ex 31, 18)

– **Elle est pour la liberté.** Avant même de présenter le contenu des commandements, Dieu se fait connaître comme le libérateur :

« *Je suis le Seigneur ton Dieu qui t'a fait sortir d'Égypte, de la maison de servitude.* » (Ex 20, 2)

C'est un Dieu Sauveur qui donne la Loi. Dieu veut la liberté pour son peuple, Il le conduit vers la Terre Promise.

Les gospels des églises noires américaines ont bien compris ce message de liberté. Ces chants accompagnaient la lutte de Martin Luther King pour l'égalité des droits civiques dans les années 1960-70 aux États-Unis.

Le but de la Loi est de continuer l'œuvre de libération d'Israël : les commandements vont être des moyens pour édifier cette marche vers la liberté.

– **Elle se donne dans une relation d'Alliance.** Le contexte est important : les dix commandements et ensuite le code de l'Alliance (Ex 20 à 23) sont donnés juste avant la conclusion de l'Alliance en Ex 24. Cette Alliance peut être comparée à un mariage entre Dieu et son peuple. Dans une relation d'amour, le Seigneur donne la Loi. Cet aspect relationnel est souligné par les formules répétées : le « je » de Dieu et le « tu » de l'homme.

– **Elle ordonne les aspects fondamentaux de l'existence.** Ce mot « **ordonne** » signifie à la fois « commander » et « mettre de l'ordre ». Dans ce passage, Dieu commande (premier sens) pour aider l'homme à mettre sa vie en ordre (deuxième sens). Les domaines essentiels de la vie sont concernés : la relation à Dieu, au prochain, à soi-même.

Cette loi présente deux faces comme une pièce de monnaie :

– Une formulation négative : *« Tu ne feras pas... »* derrière laquelle se cache...

– Une invitation à suivre des valeurs positives (l'amour de Dieu, le respect de la vérité, l'amour des parents, de la vie, la fidélité dans l'amour humain, le respect d'autrui et de ses biens, etc.).

La fonction de ces interdits est libératrice : ne pas observer cette loi de vie et d'amour ramènera le peuple de Dieu en esclavage d'une manière ou d'une autre. Sinon, Israël peut quitter physiquement l'Égypte « terre de servitude » et réintroduire l'esclavage et la barbarie au désert.

La loi de Dieu est **instructive**, elle enseigne les vraies valeurs en éclairant l'intelligence. Elle est **éducative** ; elle apprend à grandir en humanité en orientant la volonté. Elle est **initiative** en engageant la liberté à poser des choix (Dt 5, 32-33).

Dans la Bible, la Loi est toujours au service de l'homme.

Elle n'est pas une menace pour la liberté ; au contraire, elle fonde et permet une liberté véritable. Pour accomplir son rôle, elle doit devenir intérieure. D'où la promesse faite par les prophètes : « *Je mettrai ma loi au fond de leur être et je l'écrirai sur leur cœur.* » (Jr 31, 33)

3. Le don de la Loi au mont des Béatitudes (Mt 5 à 7)

Comment caractériser l'attitude de Jésus face à la Loi ?

Trois mots peuvent résumer le rapport du Christ à la Loi : Confirmation, Contestation, Innovation.

Confirmation. Jésus l'affirme : « *N'allez pas croire que je sois venu abolir la Loi ou les Prophètes : je ne suis pas venu abolir, mais accomplir.* » (Mt 5, 17)

Jésus respecte la Tora, Il l'enseigne (et on l'appelle « rabbi », maître pour cela) et Il vit selon la Tora. « Il est même le seul à avoir pu le faire parfaitement », dit le CEC § 578.

Quand le jeune homme riche vient à Lui et l'interroge sur ce qu'il doit faire, le Christ lui dit : « *Si tu veux entrer dans la vie,* **observe les commandements** » (Mt 19, 17) et Il cite une partie des dix commandements. Ceux-ci ne sont pas « dépassés », mais bien plutôt confirmés par le Fils de Dieu.

Dans un autre passage, Jésus rappelle le cœur des commandements divins :

> « *Tu aimeras le Seigneur ton Dieu de tout ton cœur, de toute ton âme et de tout ton esprit : voilà le plus grand et le premier commandement. Le second lui est semblable : Tu aimeras ton prochain comme toi-même. À ces deux commandements se rattache toute la Loi, ainsi que les Prophètes.* » (Mt 22, 37-40)

Contestation du sens erroné de la loi. À la manière des prophètes de l'Ancien Testament, Jésus s'en prend violemment aux autorités religieuses de son époque pour plusieurs raisons.

Ils remplacent la Parole de Dieu par des traditions humaines contestables :

> « *Vous avez annulé la parole de Dieu au nom de votre tradition.* » (Mt 15 1-7)

Ils se servent de la Tora plus qu'ils ne la servent. (cf. Mt 23, 1-3)

Ils négligent l'essentiel pour les détails de moindre importance.

> « *Guides aveugles, qui arrêtez au filtre le moustique et engloutissez le chameau.* » (Mt 23, 24)

> « *Malheur à vous… qui acquittez la dîme de la menthe, du fenouil et du cumin, après avoir négligé les points les plus graves de la Loi, la justice, la miséricorde et la bonne foi.* » (Mt 23, 23)

C'est donc l'interprétation erronée de la Loi que Jésus condamne et non la Loi elle-même.

Innovation ou intériorisation de la loi. Les contemporains de Jésus sont frappés par son enseignement, par sa nouveauté et son autorité.

L'évangéliste Matthieu présente Jésus comme un nouveau Moïse : « *il gravit la montagne* », le mont des Béatitudes comme Moïse le Sinaï (Mt 5, 1) :

> « *Et prenant la parole, il les enseignait en disant…* » (Mt 5, 1)

Et l'enseignement du Christ se déploie sur trois chapitres (5 à 7) : le sermon sur la montagne, introduit par les Béatitudes.

À plusieurs reprises, Jésus oppose le « *Vous avez entendu qu'il a été dit* » au « *Moi, je vous dis* ». Et toute la Loi et les prophètes sont relus à la lumière de l'Évangile, conduits à leur perfection dans l'amour de Dieu et du prochain.

Pour Jésus, il n'y a pas d'opposition entre « **l'Amour** » et les « **commandements** ». Ceux-ci n'ont de sens que s'ils sont vécus par amour et pour l'amour.

Le disciple bien-aimé de Jésus, saint Jean, l'a bien compris : son Évangile et ses Épîtres sont les textes du Nouveau Testament où il est le plus question d'Amour (de Dieu et du prochain). C'est aussi ceux qui parlent le plus des commandements.

> « *Voici quel est mon* ***commandement*** *: vous* ***aimer*** *les uns les autres.* » (Jn 14, 12 et 1 Jn 2, 3)

L'amour de la loi. Le message de toute la Parole de Dieu (Ancien et Nouveau Testaments) est clair : l'homme a besoin d'amour et de loi. L'amour sans loi dégénère vite en sentimentalisme et en angélisme, il est affectif et non effectif. La loi sans amour se dégrade en légalisme, moralisme, juridisme. Elle est vite rejetée comme n'étant pas au service de l'homme.

Un courant traverse toutes les Saintes Écritures : l'amour de la Loi. Cela surprend le lecteur de la Bible car le terme « loi » a souvent mauvaise presse dans les sociétés marquées par l'esprit de Mai 68 avec son slogan : « Il est interdit d'interdire. »

Le Livre du Deutéronome et celui des Psaumes célèbrent la Loi de Dieu avec enthousiasme. Le Psaume 118 est intitulé « Éloge de la loi divine ». En voici quelques extraits :

> « *Béni es-tu Seigneur, apprends-moi tes volontés !... Je trouve en tes volontés mes délices... Ouvre mes yeux ; je regarderai aux merveilles de ta loi... Fais-moi la grâce de ta loi... Tes commandements ont fait mes délices, je les ai beaucoup aimés.* »

Nous voyons les dispositions du cœur de l'ami de Dieu :
– Émerveillement devant la sagesse de la Loi ;
– Reconnaissance pour ce bienfait donné aux hommes ;
– Amour de Dieu donateur de la Loi ;
– Bonheur de suivre un chemin de vie bien tracé.

II. La fonction paternelle de la loi dans la vie

Le père terrestre donne la loi.

La formule est juste si on la comprend bien : le père terrestre n'est pas tout seul. En lien avec la mère, il est celui qui donne les repères, qui trace un chemin. Dans un ouvrage peu connu, Albert Camus raconte son enfance privée de père (*Le premier homme*). L'écrivain exprime avec sincérité son besoin de père :

> « J'ai essayé de trouver moi-même, dès le début, tout enfant, ce qui était bon et ce qui était mal puisque personne autour de moi ne pouvait me le dire : j'ai besoin que quelqu'un me montre la voie et me donne blâme et louange, non selon le pouvoir, mais selon l'autorité : j'ai besoin de mon père ! » (Cité par *Famille chrétienne* n° 1089 du 26 novembre 1998)

L'enfant a besoin d'amour, mais il a aussi besoin d'être guidé dans le monde des valeurs. La loi du père, comme dans les récits bibliques, dit ce qui est bien : la vérité, le service, le partage, le respect, le travail, la droiture… les dix commandements et les autres ; et ce qui est mal : le mensonge, l'égoïsme, le mépris, la paresse, les sept péchés capitaux et les autres.

Les panneaux indicateurs clairs et visibles aident l'automobiliste dans sa conduite. En revanche, l'absence de signalisation, surtout la nuit ou par mauvais temps, peut être dommageable.

Lorsque nous étions en Valais (Suisse), il y avait au bord des routes de montagnes des « piquets de neige » de deux mètres de haut, tous les vingt mètres environ. L'été, cela n'est pas très utile, mais l'hiver, quand la route est enneigée et qu'on ne voit plus les limites, cela est vital. Au-delà des jalons, c'est le précipice.

L'enfant a besoin de ces jalons sur sa route : les repères des valeurs morales donnés par la fonction paternelle.

C'est pas toi qui fais la loi ! » ou la vie sociale « mourir pour vivre »

Au-delà des valeurs morales, la loi est aussi l'ensemble des coutumes familiales et sociales à respecter, qui permettent le vivre ensemble : les horaires de lever et de coucher, des repas, les temps de service et de jeux, les règles de savoir-vivre dans le langage et dans les attitudes corporelles… Le père, en lien avec la mère, apprend au petit enfant que ce n'est pas lui qui fait la loi, « sa loi ». Le propre de la loi, c'est qu'elle me précède. Elle était là avant moi. Elle est extérieure à moi et aux autres, elle vient d'ailleurs. Elle est supérieure ou transcendante car elle doit être respectée par tous. Elle est aussi contraignante car elle oblige, sous peine de sanction ou de punition : « Si tu frappes tes petits cousins, tu rentreras à la maison et tu resteras te calmer tout seul dans ta chambre. »

La loi du père éduque l'enfant en enseignant les limites. L'enfant n'est pas l'auteur de la loi et il ne peut imposer ses désirs immédiats à satisfaire à tout prix. La loi fait sortir le petit d'homme du monde de l'enfance marqué par la fusion et l'illusion de la toute-puissance.

Comme Israël doit vivre l'exode (la sortie de) pour accéder à la liberté, l'enfant doit sortir du rêve de la satisfaction immédiate de tous ses désirs.

La loi apprend le décentrement de soi-même, le renoncement à tous les désirs égocentrés ; elle fait entrer dans le monde social par le « mourir (à moi-même) pour vivre (avec les autres) ».

L'interdit et l'obéissance, ou le respect des autres

La fonction paternelle de donner la loi s'accomplit certes par l'exemple, mais aussi beaucoup par la parole. C'est vrai dans la Bible et c'est vrai dans la vie. La règle du jeu qui fixe les limites à ne pas franchir est exprimée par les interdits. Ils foisonnent dans le langage de la vie quotidienne :

– « ne joue pas avec le feu – n'allume pas d'allumettes » ;
– « ne touche pas les boutons de la cuisinière » ;
– « ne mets pas les doigts dans la prise de courant » ;
– « ne te penche pas par la fenêtre » ;
– « laisse ton petit frère tranquille – arrête de l'embêter ».

Maïmonide, le penseur juif, a recensé 613 commandements dans l'Ancien Testament. Nous en avons autant dans les injonctions familiales !

Le jeu de mots « l'inter-dit » nous rappelle qu'un interdit devient un commandement positif quand il se situe dans une parole adressée à l'autre, en tant qu'il est un être différent, respecté dans son altérité.

Comme la musique s'entend quand il y a un silence mettant en valeur les sons ; comme un texte de littérature se lit grâce aux espaces entre les mots, la loi délimite un espace entre les personnes : « l'inter-dit » est un « dit » entre (« inter ») des sujets. Il empêche la relation de revenir au fusionnel originel, il pose l'altérité.

En acceptant l'autre comme autre – le père, la mère, le frère, la sœur – l'enfant devient capable de relation, de communication : il écoute, il parle, il peut aimer, être aimé.

La parole du père aimé – même s'il est un peu redouté – donne aux commandements une orientation qui les rend acceptables : ils sont « pour mon bien ». Il importe de resituer la loi familiale (ou sociale) dans un contexte premier de relation humaine et de communion, non de conflit.

En hébreu (comme en latin), c'est le même mot pour dire « écouter » et « obéir ». Les parents le savent bien : un enfant qui n'obéit pas est souvent un enfant qui n'écoute pas.

Écouter la parole parentale et y obéir permet à l'enfant d'être bien « élevé ». Il s'élève en humanité en construisant sa personnalité dans le respect des autres.

Xavier Lacroix, avec beaucoup de sagesse, nous éclaire sur l'exercice de l'autorité qui relève parfois du rapport de forces :

> « Il est des moments où l'exercice de la paternité relève du rapport de forces. [...]
> Le courage de s'affronter suppose la victoire sur la peur. Beaucoup de parents aujourd'hui ont peur de l'opposition, par crainte de paraître moins aimants, ou dans le sens inverse, lors de l'adolescence, de perdre l'amour de leur enfant. L'exercice de la paternité exige une confiance de fond en soi, en l'enfant, dans le lien. Il appelle aussi une confiance dans le conjoint, une véritable alliance entre les parents. [...]
> Dès que la dissension s'introduit entre les parents, l'autorité de chacun d'eux est affaiblie. [...]
> L'exercice de l'autorité exige l'épreuve de l'altérité. Se poser en face, affirmer, interdire, résister, tout cela suppose non seulement le dépassement de la position fusionnelle, mais aussi le dépassement de ce que l'on a pu appeler le pédocentrisme, c'est-à-dire d'une conception de l'éducation qui centre toute l'attention sur le point de vue de l'enfant. Placer la personne de ce dernier au centre du souci éducatif, rien de plus

légitime, nécessaire même. En revanche, considérer sa subjectivité comme la référence ultime et le conduire à se considérer lui-même comme le centre du monde l'est beaucoup moins. L'enfant ne peut pas être pour lui-même sa propre référence. Il a besoin de croire, de faire confiance, d'obéir. Par ailleurs, ses propres besoins ne sont pas le seul critère. La société, la famille, autrui ont besoin de sujets capables de réceptivité, de consentir à une extériorité.

Nombre de relations éducatives, aujourd'hui, se proposent de ne reposer que sur le dialogue, la discussion sur le modèle du contrat.

Il faut argumenter, rendre raison de tout. D'un certain point de vue, il y a là un principe légitime, correspondant à une obligation éthique : s'adresser à l'intelligence de l'autre, à sa capacité de reconnaître par lui-même la vérité de ce qui lui est demandé. Mais c'est aussi oublier que la personne de l'enfant ou de l'adolescent à qui l'on s'adresse n'a pas nécessairement en lui une telle capacité. Par ailleurs, cette attitude peut l'ancrer dans l'idée qu'il est, en dernier ressort, le seul juge de ce qui est bon ou non.

Pratiquement, cela revient à subordonner l'issue de la situation à son seul bon vouloir : "D'accord ?" Et voici que les enfants-rois deviennent des enfants-tyrans. [...]

La délicate tâche des parents est d'introduire l'enfant à la fois au dialogue, faisant fond sur sa capacité de juger, et à l'obéissance, pour susciter son aptitude à s'incliner devant un « ordre » [...]. Si la mère est plus tournée vers la négociation, le père pourra l'aider à exprimer ce qui, dans l'autorité, relève de l'ordre. »

(*Passeurs de vie*, Xavier Lacroix, p. 206, 207, 208, Bayard)

Où sont les freins ? ou la protection contre l'angoisse

La loi donne la sécurité affective et protège de l'angoisse. Dans les compétitions de cyclisme sur piste, les vélos sont tellement allégés qu'ils n'ont pas de freins. Heureusement, les vélodromes sont incurvés et permettent aux coureurs de contrôler leur vitesse.

Les petits enfants, eux non plus, n'ont pas de système de freinage interne. La raison n'a pas encore de prise sur les désirs. L'absence de limites dans les actes de la vie quotidienne (alimentation, sommeil, jeux, etc.) fait que l'enfant peut continuer à vivre selon ses désirs sans pouvoir s'arrêter. L'absence de régulation externe engendre l'angoisse.

Un enfant qui fait « des crises » disproportionnées face à une situation, comme celui qui se roule par terre dans l'allée d'une grande surface parce qu'il n'obtient pas la sucette qu'il réclame, doit être aidé par le freinage externe des parents. Une petite correction proportionnée à la situation redonne la paix à la clientèle du magasin… mais aussi à l'enfant ! La limite sécurise. La fonction de la loi paternelle est également de protéger de l'angoisse, de donner une sécurité affective.

Le petit enfant a souvent besoin d'un espace délimité pour se sentir en sécurité – le lit, la chambre, la maison, le jardin, la cabane…

Ces espaces clos lui procurent une sécurité en délimitant un « chez moi » symbolique dans lequel il se sent protégé et un « dehors » où il peut être menacé.

La fonction positive de la loi paternelle de l'interdit délimite un espace, séparant le possible de ce qui ne l'est pas.

Une fois acquise cette sécurité intérieure, l'enfant sera suffisamment confiant pour oser découvrir le « dehors » et devenir « explorateur ».

La loi paternelle responsabilise

Dieu ne se contente pas de donner une loi à son peuple, Il sanctionne les transgressions et récompense l'obéissance. En cela, **Dieu éduque l'homme à la responsabilité**. Nos choix humains sont importants : ils sont suivis de conséquences pour nous-mêmes et pour les autres.

Il en est de même pour la loi paternelle. Il ne suffit pas de la donner, elle doit être respectée et donc obéie. Les menaces doivent être suivies d'effets, sinon la loi est bafouée et les donateurs de la loi seront déconsidérés, voire méprisés.

Il convient donc que les parents s'accordent, et sur le contenu de la loi : « Tu peux sortir avec tes amis une fois par semaine et tu rentres à telle heure », et sur la façon de la faire appliquer : « Tu n'as pas respecté ce que nous avions convenu, donc tu n'auras pas ceci… »

L'expérience montre que souvent, la maman donne beaucoup de tendresse, qu'elle est dans une relation de proximité avec l'enfant et qu'elle le comprend jusque dans ses faiblesses. Tout cela lui donne parfois plus de mal pour prendre du recul, objectiver, faire respecter la Règle. Elle peut être plus facilement vulnérable au chantage affectif et à la peur de n'être plus aimée de son enfant si celui-ci lui reproche d'être sanctionné. Elle doit alors se protéger en faisant appliquer « la loi du père », qui n'est rien d'autre que la loi du couple.

Témoignage d'une mère : « police municipale et garde mobile »

« Dans notre couple, nous intervenons tous les deux pour exercer l'autorité, mais pas de la même manière. Je serais plutôt, en tant que mère, du genre "police municipale" de proximité.

Est-ce ma taille, ma voix, ma manière d'être… je ne sais pas, mais j'inspire moins la crainte. Pourtant, je sais gronder quand il le faut. Les enfants me respectent, c'est sûr, mais ne me craignent pas. Cela a ses avantages et ses inconvénients.
Mon mari serait, dans les grandes occasions bien sûr, plutôt du genre “garde mobile”. Lorsque des comportements d'enfants passent les limites, quand “ça part en vrille” et que j'ai du mal à contrôler la situation… alors la section d'intervention arrive (ou je la fais intervenir).
Certaines formules magiques fonctionnent avec lui : son “les filles, ça suffit !” a un effet immédiat qui me surprend moi-même. J'ai essayé la formule, toute seule, devant la glace, mais je ne suis pas très effrayante !...
Alors il vaut mieux rester dans mon rôle de police municipale assurant l'ordre et la paix dans les situations ordinaires. Mon mari intervient peu, avec des phrases brèves et un regard noir “qui tue” (disent les enfants) et c'est parfois bien utile. Après l'intervention “musclée”, la police municipale – sans se désolidariser de l'Autorité – veille à se rendre présente pour expliquer, consoler, faire le lien. Elle a un rôle de médiation à jouer, parfois un peu écartelant, mais on y arrive. Le père et les enfants savent que cette mission materno-diplomatique est essentielle pour le bon fonctionnement de la famille. Ah oui ! J'oubliais ! Je suis aussi – après l'intervention de la garde mobile – ministre de l'Intérieur. Nous nous sommes mis d'accord, mon mari et moi, pour que je puisse lui dire, en dehors de la présence des enfants, ce que je pensais de son acte d'autorité. Le plus souvent, c'est bien, mais de temps en temps, il est trop dur. En général, après s'être justifié (Ah la fierté des hommes !), il accepte mon “évaluation” et en tient compte.
Parfois, dans la prière du soir avec les petits, nous avions des prières qui ont dû faire sourire le Bon Dieu : les enfants demandaient pardon d'avoir été insupportables, moi d'avoir été excédée et papa d'avoir été un peu trop sévère… Tout le monde disait “Amen”, ce qui veut dire “ça c'est vrai !” et s'en remettait à la miséricorde de Dieu qui pardonne. C'était fini. Dossier

clos. Certaines “explications conjugales” sont parfois suivies de belles relations sexuelles… On se demande pourquoi… Et certaines demandes de pardon donnent lieu à des merveilleux moments de détente familiale, histoires ou jeux… Je n’aime pas du tout les conflits, mais quelle paix dans les cœurs après que l’orage a éclaté ! En conclusion, je vous laisse mon slogan : “Police municipale-garde mobile, même combat !” »

À la fin du XIXe siècle, les établissements scolaires de l’État et de l’Église pratiquaient une éducation que saint Jean Bosco ne craignait pas d’appeler « répressive ». L’accent était mis sur le « redressement » des mauvais comportements et sur une pratique fréquente des punitions, souvent sous la forme de « châtiments corporels ». Le saint éducateur va innover en donnant à ses collaborateurs quelques règles pratiques, jugées révolutionnaires à son époque. Rappelons que les établissements salésiens n’accueillaient pas des fils de bonne famille, mais des jeunes de milieux très défavorisés, à la limite de la délinquance.

Saint Jean Bosco : un mot sur les châtiments

« Quelle conduite adopter en matière de châtiments ? **S’il est possible, que l’on n’y recoure jamais**. Cependant, s’il faut obligatoirement sévir, que l’on retienne ceci : au milieu des élèves, **l’éducateur doit chercher à se faire aimer** s’il tient à se faire craindre. Alors, retirer sa bienveillance constitue un châtiment ; mais c’est un châtiment qui favorise l’éducation, encourage et n’avilit jamais.

1. Pour les enfants, est punition tout ce qui est utilisé comme tel. On observe qu’un regard sans affection produit sur certains plus d’effets qu’une gifle. Des félicitations pour un bon résultat, un reproche pour une négligence, c’est déjà une récompense ou une punition.

2. Sauf rarissimes exceptions, que les corrections et les châtiments ne soient jamais donnés publiquement, mais en particulier et loin des autre élèves. On fera également appel à toute sa sagesse et à toute sa patience pour obtenir que **l'enfant éclairé par sa raison et sa foi comprenne sa culpabilité**.
3. Il faut absolument et de toute manière éviter de frapper, de mettre à genoux dans une position douloureuse, de tirer les oreilles et d'infliger des punitions analogues, parce que les lois les interdisent, qu'elles irritent grandement les jeunes et qu'elles avilissent l'éducateur.
4. Le directeur informera soigneusement les élèves des règles, récompenses et sanctions prévues par la discipline, afin qu'ils ne puissent avoir l'excuse de dire : Je ne savais pas que c'était commandé ou défendu.
5. Si cette méthode est pratiquée dans nos maisons, je crois que, sans recourir ni au fouet, ni à d'autres châtiments brutaux, nous obtiendrons d'excellents résultats. Depuis environ quarante ans que je m'occupe des jeunes, je ne me souviens pas d'avoir usé de tels châtiments. Avec l'aide de Dieu, j'ai cependant toujours obtenu, non seulement l'indispensable, mais encore tout simplement ce que je désirais ; et cela de la part d'enfants pour lesquels tout espoir d'aboutir à une réussite convenable semblait être perdu. »

(Don Bosco, Collection *Terre Nouvelle*, n° 6, page 34)

L'enfant doit aussi comprendre que le père qui donne la loi ne le fait pas pour s'octroyer des avantages personnels ou de manière arbitraire. Son père lui-même est soumis aux lois. C'est vrai pour les impôts, le code de la route et les règles du savoir-vivre. Sinon, l'enfant prendra conscience de l'incohérence du message qui lui est adressé : « On me demande de faire quelque chose que le père ou les parents ne s'appliquent pas à eux-mêmes. » Cela provoque la révolte contre la loi estimée « arbitraire » et la figure paternelle jugée « hypocrite ».

Il en est de la loi comme de la Règle des moines bénédictins. Ceux-ci disent : « Nous gardons la Règle et la Règle nous garde. »

Les parents ne sont pas seulement les donateurs de la loi, ils en sont les gardiens et les témoins.

« Quand la loi est donnée dans l'amour », **témoignage de Maria Elena**, la sœur du pape François sur leur père (Jorge est le futur Pape).

« C'était un homme toujours joyeux… Il ne se fâchait jamais. **Et il ne nous a jamais frappés**. C'était là la grande différence entre les familles d'immigrants italiens et les autres familles d'Argentine. L'homme était l'autorité dans la maison, mais sans machisme. Nous les enfants, même Jorge qui était l'aîné, étions terrorisés par le regard de papa quand nous avions fait une bêtise. **Parfois, j'aurais préféré me prendre cent coups de fouet plutôt que de devoir sentir son regard.**
Il était très amoureux de ma mère et lui apportait toujours des cadeaux. Il me prenait par la main et nous sortions en cachette à son retour du travail pour acheter une petite chose pour maman. Le dimanche, papa rapportait du travail à la maison. Il posait ses énormes livres de comptabilité sur la table de séjour et mettait en marche le tourne-disque qui remplissait notre petite maison de musique. Il écoutait de l'opéra et, parfois, des chansons populaires italiennes. Tous nos dimanches étaient baignés de musique classique. Encore aujourd'hui, Jorge est comme papa : il aime l'opéra et de temps en temps, un bon tango. Et aussi Édith Piaf. Enfin, comme papa, il est le seul parmi nous à être un supporter de l'équipe de San Lorenzo. »

(*François – le pape des pauvres*, Andrea Tornielli, Bayard)

Témoignage : indispensable autorité

Jean-Marie Petitclerc (éducateur spécialisé auprès d'adolescents en difficulté) :

« L'exercice de l'autorité est nécessaire dans la mise en œuvre du processus éducatif. Il permet l'intégration des limites, indispensable à la construction du sujet, et la régulation des relations, indispensable à l'instauration de la convivialité. [...] Très vite, il y a urgence à aider l'enfant à sortir de son illusion de toute-puissance si l'on veut qu'il soit capable de prendre sa place dans la société des hommes. Tel est le rôle de la loi [...]. Grâce à la règle, il va alors pouvoir prendre conscience que le monde n'est pas organisé autour de la satisfaction de ses besoins, mais qu'il fonctionne sans lui... et que lui doit y prendre sa place. Répondre à chaque fois aux besoins de l'enfant aussitôt qu'ils se manifestent, ce n'est pas l'aider à sortir de cette illusion de toute-puissance. Le plus grand drame de ces pré-adolescents que je côtoie dans la pratique de mon métier d'éducateur spécialisé, qui crachent à la figure des enseignants, des policiers, voire d'un président de la République, c'est qu'ils n'ont pas rencontré sur leur chemin des adultes capables de dire non, de poser des limites et de s'y tenir, des adultes qui font autorité en les aidant à sortir de cette illusion de toute-puissance.
Étymologiquement, éduquer (*ex-ducere*) ne signifie-t-il pas faire sortir ? L'éducateur, c'est celui qui accompagne le jeune sur cet itinéraire de sortie du monde de l'enfance vers l'accès au statut d'adulte, capable de s'insérer comme sujet dans un réseau de relations. »

(*Y'a plus d'autorité*, éd. Iris, pages 29, 30, 31)

Souvenirs personnels

Il est tard. C'est la nuit. Papa et maman rentrent en voiture à la maison après une soirée chez des amis. Mes frères et moi sommes sur la banquette arrière, ensommeillés. Je dois avoir sept ans. Le mot de Cambronne résonne. Papa, au volant, arrête la voiture. Je suis juste derrière lui et je vois un policier dans la tenue des films de Louis de Funès (nous sommes dans les années 1962). Je crois comprendre qu'un phare ne marche pas. « C'est une infraction » (je découvre le mot).

Papa tend ses papiers sans rien dire. Surprise. Je vois l'agent de police se mettre au garde-à-vous, la main sur la tempe : « Excusez-moi, Monsieur le Président ; vous pouvez y aller » (papa était président du Tribunal de Quimper). Mon père exige de payer immédiatement la contravention correspondant à l'infraction. Le fonctionnaire hésite et finit par s'exécuter car papa hausse le ton.

La voiture redémarre. J'entends la voix de maman : « Mon petit chat, je ne te comprends pas. Tu vois bien qu'il était gêné. Il ne fallait pas insister. Tu es ridicule avec tes grands principes ! »

La réponse fuse : « La loi, c'est la loi, et c'est la même pour tous. »

L'histoire racontée par maman dans les fêtes familiales fait maintenant partie des récits mythiques de la tribu.

Exercice pratique à faire en couple

– Étant enfant, comment ai-je vécu l'éducation de mes parents et l'exercice de leur autorité ?

– Dans l'éducation de nos enfants, comment posons-nous la loi ? Percevons-nous des excès, des manques ?

– Sommes-nous d'accord sur l'essentiel de ce que nous demandons aux enfants ? Sur quoi portent les accords ? Sur quoi portent les différences (ou divergences) ?

– Comment évaluons-nous la « réception de la loi » par les enfants ? Sommes-nous écoutés, obéis ?

– Quand il y a sanction comme punition des fautes, la punition est-elle raisonnable, adaptée, éducative ?

– À la lecture de ce chapitre, qu'est-ce qui confirme nos idées ? Qu'est-ce qui les interroge ?

– Que souhaitons-nous mettre en place pour améliorer notre éducation dans le domaine de la loi ?

III. Prière

Préparation à la prière

Remettons dans le cœur de Dieu :

Les blessures dans ce domaine qui peuvent être « par défaut » ou « par excès ».

Le défaut de la loi : la plante a manqué d'un tuteur pour grandir. Le père absent, faible, inconsistant, ne m'a pas donné suffisamment de loi. Cela peut me perturber à plusieurs niveaux.

– *L'intelligence* : je n'ai pas de repères fermes qui me tracent un chemin. J'avance à tâtons comme un aveugle. Je suis dans le relativisme intellectuel ou moral, je marche sur un sol qui manque de fermeté, je souffre de ne pas avoir de principes, de fondations, de convictions…

– *La volonté* : j'ai du mal à choisir un chemin, à canaliser mon amour vers un bien. J'hésite, je papillonne, je zappe… je doute de moi-même et de ma capacité à mener à bien un projet. Tant de fois, je commence quelque chose que je n'arrive pas à achever…

– *L'affectivité* : ayant été peu régulé, je cherche à prolonger le temps de ma satisfaction individuelle en utilisant les autres, en les manipulant pour arriver à mes fins. Dans les relations amoureuses ou professionnelles, je manque de clarté et de loyauté ; je biaise et je tyrannise pour ordonner les autres à mon égo. Je rencontre une difficulté et parfois une incapacité à vivre la joie du don de soi, le sens du sacrifice.

L'excès de loi : la plante n'a pas pu pousser normalement car elle était emprisonnée dans des liens trop serrés. Le père dominateur, écrasant, arbitraire, peut susciter des réactions de la personne de deux façons.

– Soit en incitant les individus à la révolte contre toute forme d'autorité, incapables de supporter les contraintes. Il peut y avoir la version du « marginal » se mettant « hors jeu » et « hors du groupe social » pour fuir les règles contraignantes. Il peut engendrer aussi la catégorie de l'enfant frustré, l'indigné pathologique, le révolté contre la société, la famille, l'entreprise, toute institution organisée. L'individu lutte, se pose en s'opposant pour ne pas se sentir écrasé ; même adulte, il reste perpétuellement un « ado rebelle ». Dans l'Église, ce comportement blessé peut revêtir un vernis spirituel : la personne se place dans un registre « prophétique » qui a « le courage de dire la vérité », de dénoncer…

– Soit en provoquant des comportements d'individus « esclaves » des règlements légalistes, se protégeant du regard des autres et de leurs angoisses en respectant scrupuleusement les règles, les conventions, les lois de toutes sortes.

En restant dans le registre de l'enfant parfaitement obéissant, ils sont en général des exécutants dociles très consciencieux, mais incapables de prendre des initiatives, d'oser risquer quoi que ce soit.

Ils auront le profil des « braves gens » capables de faire de « basses besognes » en se contentant d'obéir passivement aux chefs.

Prions

Voir page 67.

Chapitre 5

Le père, principe de réalité

Cette troisième fonction prolonge les deux premières, que nous avons évoquées aux chapitres précédents. Il existe entre ces trois fonctions une unité, une cohérence interne. Si certains auteurs traitent le « principe de réalité » à l'intérieur du thème de la loi, nous avons choisi de le présenter à part pour mettre en valeur un enjeu de vie, particulièrement important aujourd'hui.

De quoi s'agit-il ?

Formulé positivement, il importe de se réconcilier avec le réel, d'aimer « l'incarnation » dans nos vies.

Formulé négativement, il convient d'admettre qu'il n'y a pas de construction de soi et donc de bonheur possible si l'on fuit la condition humaine dans l'imaginaire, le virtuel. Et cela vaut dans le domaine religieux comme dans celui de la vie ordinaire.

I. Dans la Parole de Dieu

Nous allons considérer ce principe :

1. dans l'Ancien Testament ;

2. dans la Sainte Famille de Nazareth ;
3. dans la mission de Jésus.

1. Dans l'Ancien Testament

Dieu veut se faire connaître à une humanité qui porte bien des préjugés à son égard. Voltaire disait avec humour : « Dieu a créé l'homme à son image… et l'homme le lui a bien rendu ! »

Dès le début de la révélation biblique, au temps des patriarches (vers 1850 avant J.-C.), le petit peuple élu va être confronté à d'autres nations et donc à d'autres représentations de Dieu : religions mésopotamienne, égyptienne, cananéenne…

Les images du divin dans le monde païen portent le meilleur et le pire : à côté d'une soif de spiritualité, nous trouvons des représentations religieuses qui n'honorent ni Dieu ni l'homme. Les images défigurées de la divinité projettent bien des désirs humains trop humains et des peurs…

Dieu va prendre l'humanité telle qu'elle est et, au fil des siècles, révéler son vrai visage. L'auto-manifestation de Dieu va se faire en grande partie par la loi et les prophètes.

Elle revêtira deux types de messages :
– une annonce : « Je suis comme ceci » ;
– une mise en garde : « Je ne suis pas celui que tu crois ».
Dieu dit qui Il est réellement et ce qu'Il attend de l'homme Il rappelle sans cesse qu'il est Autre, qu'il ne veut pas qu'il y ait erreur sur sa personne.

« Car je suis Dieu et non pas homme, au milieu de toi, je suis le saint. » (Osée 11, 9)

Dieu arrache l'homme à ses illusions religieuses et lui impose son principe de réalité. Et l'homme doit sortir de son imaginaire blessé pour entrer dans la réalité ou la vérité de Dieu, condition nécessaire pour qu'une relation authentique s'établisse entre lui et Dieu.

Sinon, le croyant se tournera vers une idole, une divinité fabriquée par ses pensées et ses fantasmes.

Prenons quelques illustrations de cette pédagogie de Dieu autour de « leçons » données à son peuple sur le principe de réalité.

Leçon 1. Je ne suis pas un Dieu cruel. Je ne veux pas de sacrifices humains

Dans de nombreux cultes de l'Antiquité, l'homme donne à la divinité la preuve de sa soumission en lui sacrifiant le meilleur de lui-même : sa descendance. Les sacrifices humains sont fréquents dans les religions païennes environnantes et contaminent la foi des Israélites. Ce phénomène n'est pas marginal puisque des rois d'Israël se livreront à ces pratiques *« en passant par le feu leurs propres enfants »* (2 Rois 16, 3 et 21, 6).

Dès le commencement de l'Histoire sainte, dans le récit du sacrifice d'Abraham, Dieu demande de substituer au fils un animal à offrir en holocauste (Gn 22).

Par les prophètes, il ne cesse de crier son dégoût pour de tels agissements (Jr 19, 5).

La sincérité et l'esprit de sacrifice du croyant ne peuvent en aucun cas plaire à Dieu si ce culte se retourne contre l'homme.

Ce message n'est-il pas toujours actuel lorsque des fanatiques croient sincèrement rendre un culte à Dieu quand ils blasphèment en détruisant des vies humaines ?

Leçon 2. Il ne faut pas confondre « servir Dieu » et « se servir de Dieu »

Un récit biblique au temps du prophète Samuel l'illustre. Les Israélites ont perdu bien des batailles contre les Philistins. Pour gagner la guerre, ils décident de sortir « l'Arche de l'Alliance » (qui était pour eux comme un « sacrement » de la Présence de Dieu) et de la placer au milieu de leurs armées. Avec cette « force », ne vont-ils pas remporter la victoire ? Mais Dieu ne se laisse pas manipuler. L'Arche de l'Alliance sera capturée par les ennemis et Israël vaincu. Dans un récit plein d'humour, Dieu – ou plutôt l'Arche – se délivrera tout seul, après avoir réglé ses comptes au passage avec Dagon, la divinité principale des Philistins (1 S 4 à 6).

Cette tentation de manipuler Dieu, d'instrumentaliser la religion va traverser les siècles. Les soldats de la Wehrmacht ne portaient-ils pas un ceinturon sur lequel était inscrit : *Gott mit uns,* « Dieu avec nous » ?

Leçon 3. « Il y a prophète et prophète » ou les « frémissements mystiques » ne font pas une véritable écoute de Dieu

À plusieurs reprises, nous voyons des prophètes de cour annonçant ce que leur souverain désire. Les cultes peuvent être associés à des danses, des transes, des mutilations jusqu'au sang… ils ne servent à rien. Seul compte l'écoute, puis la proclamation de la volonté de Dieu (1 Rois 22, 13-18).

Leçon 4. Les bienfaits de Dieu ne s'achètent pas avec des pratiques cultuelles formalistes

La tendance païenne est de penser que si on a fait les pratiques « comme il faut », la divinité est satisfaite et cela procure les bénédictions escomptées…

Mais Dieu ne veut pas de cela. Si le cœur n'y est pas, si la vie n'est pas en cohérence avec les voies de Dieu, cela ne sert à rien. Il désire une relation d'amitié et non une transaction commerciale :

> « *Je hais, je méprise vos fêtes et je ne puis sentir vos réunions solennelles. Quand vous m'offrez des holocaustes, vos oblations, je ne les agrée pas, le sacrifice de vos bêtes grasses, je ne le regarde pas. Écarte de moi le bruit de tes cantiques, que je n'entende pas la musique de tes harpes.* » (Amos 5, 21 à 23)

Leçon 5. L'Amour de Dieu passe par le respect des pauvres

Dans le livre du Lévitique, on trouve un passage appelé « code de sainteté » (chapitres 17 à 26). Au chapitre 19, Dieu proclame : « *Soyez saints, car moi, le Seigneur votre Dieu, je suis saint.* »

Comment être ajusté à la sainteté de Dieu ? Le Seigneur ne demande rien d'extraordinaire ; il ne réclame pas des exploits ascétiques ou des états de conscience mystico-planants.

Nous sommes surpris par la liste très concrète des observances qui touchent à la vie quotidienne sous différents aspects.

> « *Lorsque vous récolterez la moisson de votre pays, vous ne moissonnerez pas jusqu'à l'extrême bout du champ. Tu ne glaneras pas ta moisson, tu ne grappilleras pas ta vigne et tu ne ramasseras pas les fruits tombés dans ton verger. Tu les abandonneras au pauvre et à l'étranger. Je suis le Seigneur votre Dieu.*
> *Nul d'entre vous ne commettra vol, dissimulation ou fraude envers son compatriote. Tu n'exploiteras pas ton prochain et ne le spolieras pas ; le salaire de l'ouvrier ne demeurera pas avec toi jusqu'au lendemain matin. Tu ne maudiras pas un muet et tu ne mettras pas d'obstacle devant un aveugle, mais tu craindras ton Dieu. Je suis le Seigneur.*

Vous ne commettrez point d'injustice en jugeant. Tu ne feras pas acception de personnes avec le pauvre ni ne te laisseras éblouir par le grand : c'est selon la justice que tu jugeras ton compatriote. Tu aimeras ton prochain comme toi-même. Je suis le Seigneur. » (Lv 19)

Dieu apprend à son peuple le principe de réalité.

– Vivre dans le temps, en sanctifiant les jours, les semaines, les saisons par des fêtes liturgiques ;

– Vivre dans un lieu, la Terre Promise, qu'il faut travailler, garder, respecter. Même en période de guerre, l'environnement doit être respecté (Dt 20, 19) ;

– Vivre en s'inscrivant dans une histoire sainte avec ses ombres et ses lumières, en faisant mémoire des événements joyeux et douloureux ;

– Vivre avec des usages pour se vêtir et se nourrir selon la loi de Dieu afin que les gestes de la vie quotidienne soient reliés au Seigneur (Dt 22, 5) ;

– Vivre des relations sociales avec une attention particulière pour les parents, les anciens, les pauvres, les personnes vulnérables (la veuve, l'orphelin, l'étranger, la personne handicapée).

Pour cela, mettre en place des pratiques concrètes : ne pas fausser les balances dans les transactions commerciales, laisser toujours une partie de la moisson ou de la vendange pour les nécessiteux…

Quel sens du réel et du concret, quelle insistance pour éviter à l'homme la fuite dans une spiritualité imaginaire, désincarnée ! Dieu Père se révèle un éducateur très soucieux de communiquer le principe de réalité dans la vie spirituelle de ses enfants.

Leçon 6. Choisis ta vie – sois responsable !

Dieu place l'homme face à ses choix. Il l'invite à prendre le bon chemin et lui rappelle sans cesse qu'il devra assumer les conséquences de ses actes.

> « *Vois, je te propose aujourd'hui vie et bonheur, mort et malheur.* » (Dt 30, 15 à 18)

Quand on lit les prophètes qui s'échelonnent du IXe au VIe siècle avant Jésus-Christ, on est impressionné par le nombre de mises en garde.

> Avant d'entrer à la Communauté du Verbe de Vie, j'ai travaillé sept années dans une association de personnes handicapées. Je me suis lié avec un homme devenu paraplégique à la suite d'un accident de voiture à l'âge de trente ans. Il m'a raconté que pendant dix ans, de nombreuses personnes : parents, amis, fiancée, collègues de travail, l'avaient mis en garde car il conduisait trop vite et souvent en état d'ivresse.
> Il a eu un premier accident bénin pour lequel il a dû faire une peine d'intérêt général dans notre association. Et puis il a recommencé jusqu'au jour où…
> Il n'en voulait à personne d'autre qu'à lui.
> Heureusement, à force de courage et grâce à l'amitié des siens et de sa fiancée qui est devenue sa femme, il a pu recommencer une nouvelle vie.

Cette histoire est comme une parabole de l'histoire du peuple de Dieu entre la mort de Salomon (931) et la déportation à Babylone (587).

Ils furent nombreux, les grands et les petits prophètes, à parler au nom de Dieu pour que le peuple change d'orientation, se convertisse. Mais Israël n'écoute pas et n'en fait qu'à sa tête.

Et ce sera la catastrophe maintes fois annoncée : la destruction de Jérusalem et du Temple en 587 et la déportation du peuple à Babylone.

La tradition biblique va voir dans ces événements dramatiques une « punition » de Dieu ou plus exactement les conséquences des choix du peuple élu. Le Dieu Tout-Puissant respecte la liberté des hommes et permet que ceux-ci soient victimes de leur aveuglement ; la sanction de Dieu est de les laisser faire.

Toutefois, il fera tout pour leur apporter à nouveau le salut. Le principe de réalité, c'est aussi la responsabilisation de l'homme et l'acceptation des conséquences de ses actes.

2. Dans la Sainte Famille de Nazareth

Le Fils de Dieu va passer la plus grande partie de son existence terrestre dans un village obscur de Galilée, Nazareth.

Il y mènera pendant plus de vingt années une vie cachée, avec Marie et Joseph.

Durant cette longue période, Jésus fait l'apprentissage de « l'école de la vie ». L'Évangile ne relate rien de merveilleux, ni signes, ni apparitions ; c'est la vie ordinaire avec la confrontation au principe de réalité, les lois de l'existence commune.

> « Pendant la plus grande partie de sa vie, Jésus a partagé la condition de l'immense majorité des hommes : une vie quotidienne sans apparente grandeur, vie de travail manuel, vie religieuse juive soumise à la Loi de Dieu, vie dans la communauté. De toute cette période, il nous est révélé que Jésus était *"soumis"* à ses parents et qu'Il *"croissait en sagesse, en taille et en grâce devant Dieu et devant les hommes"* (Lc 2, 51-52).
>
> La vie cachée de Nazareth permet à tout homme de communier à Jésus par les voies les plus quotidiennes de la vie : Nazareth est l'école où l'on commence à comprendre la vie

de Jésus : l'école de l'Évangile [...]. Une leçon de silence d'abord. Que naisse en nous l'estime du silence, cette admirable et indispensable condition de l'esprit [...]. Une leçon de vie familiale. Que Nazareth nous enseigne ce qu'est la famille, sa communion d'amour, son austère et simple beauté, son caractère sacré et inviolable [...]. Une leçon de travail. Nazareth, ô maison du *"Fils du Charpentier"*, c'est ici que nous voudrions comprendre et célébrer la loi sévère et rédemptrice du labeur humain. »

(Catéchisme de l'Église catholique, articles 531 à 533)

Dans la mission de Jésus

Jésus, le Fils bien-aimé du Père, incarne ce principe paternel de réalité. Nous le contemplerons dans trois domaines.

a. une religion associant amour de Dieu et amour du prochain

Jésus lui dit : « Tu aimeras le Seigneur ton Dieu de tout ton cœur, de toute ton âme et de tout ton esprit : voilà le plus grand et le premier commandement. Le second lui est semblable : Tu aimeras ton prochain comme toi-même. À ces deux commandements se rattache toute la Loi, ainsi que les Prophètes. » (Mt 22, 37-40)

La religion véritable associe l'amour de Dieu et l'amour de l'homme. L'un ne va pas sans l'autre. Dans l'enseignement du Christ, l'amour pour le prochain permet de vérifier l'authenticité de l'amour pour Dieu.

Dans la parabole du jugement dernier, Jésus s'identifie aux pauvres :

« Car j'ai eu faim et vous m'avez donné à manger, j'ai eu soif et vous m'avez donné à boire, j'étais un étranger et vous m'avez

accueilli, nu et vous m'avez vêtu, malade et vous m'avez visité, prisonnier et vous êtes venus me voir. » (Mt 25, 35-36)

Le jugement final concerne les actes concrets posés ou non vis-à-vis du prochain. Les disciples du Maître garderont précieusement ce message incarné qui résonne dans tout le Nouveau Testament :

– Saint Jean :

« *N'aimons ni de mots ni de langue, mais en actes et en vérité.* » (1 Jn 3, 18)

– Saint Jacques :

« *Ainsi en est-il de la foi, si elle n'a pas les œuvres, elle est tout à fait morte.* » (Jc 2, 17)

– Saint Paul : l'hymne à la charité n'est pas une célébration abstraite de cette vertu, mais présente une description concrète de l'amour.

La charité est présentée « en action » par une succession de touches précises :

« *La charité est longanime ; la charité est serviable ; elle n'est pas envieuse ; la charité ne fanfaronne pas, ne se gonfle pas ; elle ne fait rien d'inconvenant, ne cherche pas son intérêt, ne s'irrite pas, ne tient pas compte du mal ; elle ne se réjouit pas de l'injustice, mais elle met sa joie dans la vérité. Elle excuse tout, croit tout, espère tout, supporte tout.* » (1 Co 13, 4 à 7)

b. dans le rejet d'un messianisme temporel

Les contemporains de Jésus rêvent d'un messie selon leurs vues : un lieutenant de Dieu, nouveau David chassant les occupants romains et instaurant à Jérusalem une royauté solide. Ce messie apporterait par sa prise de pouvoir la paix, la prospérité, la justice sociale.

Jésus est conscient de cela durant sa mission : à plusieurs reprises, les foules, enthousiasmées par les miracles, veulent faire de Jésus ce messie temporel (cf. Jn 6, 14-15).

Jésus repousse cette tentation initiée par le diable. Au contraire, il va briser ces rêves illusoires, projections de désirs trop humains, pour leur montrer le vrai visage du messie de Dieu : il sera un Serviteur souffrant.

C'est le sens des trois annonces de sa Passion.

Les plus proches disciples de Jésus ont du mal à accepter cette réalité.

> « *Jésus commença de montrer à ses disciples qu'il lui fallait s'en aller à Jérusalem, y souffrir beaucoup de la part des anciens, des grands prêtres et des scribes, être tué et, le troisième jour, ressusciter. Pierre, le tirant à lui, se mit à le morigéner en disant : "Dieu t'en préserve, Seigneur ! Non, cela ne t'arrivera point !" Mais lui, se retournant, dit à Pierre : "Passe derrière moi, Satan ! Tu me fais obstacle, car tes pensées ne sont pas celles de Dieu, mais celles des hommes !"* » (Mt 16, 21-23.)

c. dans la formation des disciples

Au temps de Jésus, les pharisiens avaient leurs disciples (Mt 12, 27). Le mot « discipline » évoque le travail de formation qui exige une certaine ascèse.

Mais Jésus pousse ses exigences bien au-delà de tout ce qui peut se pratiquer en Israël. On n'a jamais vu cela ! Les conditions pour le suivre et le servir sont très dures :

> « *Si quelqu'un veut venir à ma suite, qu'il se renie lui-même, qu'il se charge de sa croix et qu'il me suive.* » (Mt 16, 24-25)

Par sa parole et par son exemple, Jésus fait passer ses disciples d'une vie spirituelle imaginée selon leurs désirs à la vie réelle, voulue par Dieu, avec la confrontation à la souffrance et à l'apparent échec de la mission (les persécutions).

II. Dans la vie

Le père terrestre, en lien avec la mère, ne permet pas à l'enfant et à l'adolescent de demeurer dans une vie rêvée, dans l'imaginaire, dans le monde des désirs impossibles. La fonction paternelle n'aide pas seulement à nommer les désirs « bons » ou « mauvais », elle intervient pour rappeler les exigences du principe de réalité.

La croissance de l'enfant peut être décrite selon deux schémas différents et complémentaires.

1. Le schéma de l'évolution interne

La construction humaine conjugue deux principes, celui de la continuité (c'est la même personne du bébé au vieillard) et celui de la nouveauté (les nouvelles étapes). Des stades jalonnent la vie humaine : vie fœtale, sortie du ventre maternel, sevrage, apprentissage de la marche, de la parole, socialisation, « âge de raison », adolescence, entrée dans l'âge adulte, temps de la maturité.

La vie humaine est un dynamisme de croissance sur le plan physique, psychique, intellectuel, spirituel ; on pourrait la comparer à la croissance d'un arbre qui monte vers le haut. La ligne verticale pourrait représenter symboliquement cette trajectoire de l'existence. Ne parle-t-on pas « d'élever » des enfants ?

À chaque seuil, il y a une réalité nouvelle à découvrir, à accepter.

Elle représente un gain et elle suscite des craintes, une insécurité : il faut « quitter pour entrer » dans la nouveauté.

2. Le schéma de l'ouverture au monde extérieur

Le monde du petit enfant est limité à sa mère. Au fil des jours, des semaines, des mois, l'univers s'élargit. L'image, pour illustrer cette exploration spatiale progressive, pourrait être celle de cercles concentriques allant en s'élargissant. Chaque étape – sortir de la chambre, du jardin, du quartier, de la ville, du pays – constitue une réalité nouvelle à la fois attirante et insécurisante. Au-delà de l'espace géographique, l'enfant entre dans des milieux de vie nouveaux : la crèche, l'école, l'université.

Dans les deux schémas, nous trouvons un point commun : l'enfant puis l'adolescent doit se confronter à une vie réelle, à un monde réel.

Une petite histoire juive nous donne une clé pour comprendre les enjeux de ce rapport au monde :

> Un disciple de Rabbi Moshé de Kobryn, qui vivait dans une grande pauvreté, se plaignait un jour à son maître. La misère où il était constituait pour lui un empêchement et un obstacle à bien prier et à bien étudier. Son maître lui répondit : « Au temps où nous voici, dans les jours que nous vivons, le degré le plus élevé de la piété et qui surpasse toute étude et toute prière, c'est de prendre le monde et de l'accepter tel qu'il est. »
>
> *Les récits hassidiques*, Martin Buber, Ed du Rocher, 1985.

La parole paternelle – et c'est vrai aussi pour la paternité spirituelle – introduit dans le monde réel, « tel qu'il est ».

L'enfant doit se « confronter au monde », « apprendre la vie », selon les expressions communes. Pour cela, il a besoin d'entendre deux paroles de vie :

1. L'une plus **maternelle** dit : « Sois bien ici, dans le nid familial, et maintenant, dans le temps présent que nous vivons ensemble. C'est le lieu et le temps de ton bonheur et du nôtre ».

Image rassurante de l'enveloppe et de la maison.

2. L'autre plus **paternelle** dit : « Tu seras bien dehors et demain, tu réussiras ta vie. Ce sera ta joie et la nôtre ».

Image de la flèche ou du pont

Il existe des instruments de musique qui s'accordent bien pour faire des duos.

L'éducation doit permettre à l'enfant d'entendre sans cesse ce duo musical des deux fonctions, qui le sécurise et lui donne les réserves d'amour et de confiance pour affronter les étapes de la croissance. Rappelons que si les fonctions sont maternelle et paternelle, il s'agit de « dominante » et non d'exclusivité dans la répartition entre l'homme et la femme : le père peut très bien, à certains moments, exprimer la première parole de vie et la mère la seconde.

La fonction paternelle introduit de manière particulière le jeune dans l'exploration du « nouveau monde » en conjuguant trois attitudes :

1. *dire la vérité* ou nommer la réalité qui est ou va être appréhendée : faire preuve de réalisme, ne pas raconter « des histoires ».

2. *montrer la beauté, la valeur, l'intérêt* de cette situation nouvelle, que ce soit marcher à quatre pattes, commencer

à parler, aller à l'école, devenir femme avec l'apparition des règles, prendre un premier job d'étudiant pendant les vacances, etc.

Le regard et la parole positive du père (et de la mère) vont aider l'enfant, le jeune, à oser franchir le seuil. Bien plus, il va éprouver un souhait, une attirance pour cette nouvelle « condition ». En un mot, il va désirer grandir, devenir un homme, une femme, il va avoir envie d'acquérir l'autonomie et la responsabilité liées à ce statut de « grand ».

3. *nommer la difficulté* et parfois la souffrance liées à cette croissance. Comme dans le sport, il y a bien une exigence à assumer pour s'engager dans une découverte qui est aussi une confrontation douloureuse : quitter la sécurité de… se détacher affectivement de… renoncer à…

Le père doit encourager le jeune à entrer dans le monde réel, avec sa beauté et sa dureté. Son exemple et sa parole lui disent : « C'est bien, c'est difficile, mais ça vaut la peine, tu peux, tu vas y arriver ».

– Une vision idyllique de l'avenir sans intégration de la souffrance va « piéger », tromper l'enfant qui peut se trouver démuni et même battu d'avance face aux difficultés auxquelles il n'était pas préparé.

La sœur du pape François, **Maria Elena**, témoigne au sujet de son père :

> « Quand il termine l'école primaire, son père lui dit que, en plus d'étudier, il devra désormais commencer à travailler. “Vois-tu, maintenant que tu vas fréquenter l'école secondaire, tu devras aussi travailler ; je vais chercher quelque chose pour toi durant les vacances.” Jorge, qui n'a que treize ans, regarde son père d'un air déconcerté. À la maison, ils ne semblent pas être dans le besoin au point qu'il ait à chercher un travail.

Même s'il n'en comprend pas les raisons. Jorge accepte et obéit à la requête de son père.
Il travaille d'abord dans une usine de chaussettes, puis dans le service de comptabilité de son père. Les premières années, il s'occupe du ménage ; au bout de trois ans, on lui confie quelques tâches administratives. La quatrième année, son rythme de travail et sa vie quotidienne changent considérablement. Il entre dans un institut technique spécialisé dans la chimie alimentaire où il travaille dans un laboratoire entre 7 heures du matin et 13 heures. Après une heure de pause déjeuner, commencent les cours qu'il suit jusqu'à 20 heures. Une vie très intense, épuisante, exigeante, partagée entre études et travail. Et pourtant, le nouveau pape sera toujours reconnaissant envers son père pour cette décision prise alors qu'il avait seulement treize ans.
"**Je remercie tant mon père de m'avoir fait travailler**", a dit Bergolio. Ce travail commencé à l'adolescence a été une des choses les plus bénéfiques dans ma vie. En particulier dans le laboratoire où je travaillais, j'ai appris le bon et le mauvais côté de toute activité humaine". »

(*François – le pape des pauvres*, Andrea Tornielli, Bayard)

– Une vision négative du « monde » extérieur, de « la vie », du futur, sans enthousiasme fait peur et provoque le repli sur soi, le refus de grandir, la tentation de différer sans cesse l'entrée « dans la cour des grands ».

Voici une illustration de parole paternelle émanant du **pape Jean XXIII**. En 1962, au moment de l'ouverture du concile Vatican II, certains cardinaux exprimaient des opinions très pessimistes sur l'évolution des sociétés modernes. Souvenons-nous : nous sommes en pleine Guerre froide entre les deux superpuissances avec un risque de guerre nucléaire (les missiles de Cuba). C'est aussi l'époque des troubles liés à la décolonisation. La tendance conservatrice voudrait un message critique sur notre monde et des condamnations.

Le Pape – ce mot n'évoque-t-il pas la paternité ? – portera une autre parole, encourageante, pour rencontrer le monde moderne tel qu'il est.

> « Nous estimons devoir Nous dissocier entièrement de ces prophètes de malheur qui prédisent sans cesse le pire, comme si la fin du monde était proche [...]. À les entendre, la société contemporaine ne serait que ruines et calamités ; comparée aux siècles passés, notre époque n'accuserait que détérioration ; ils se comportent comme si l'histoire, qui est maîtresse de vie, n'avait rien à leur apprendre [...].
> Aujourd'hui, cependant, l'Épouse du Christ préfère user du remède de la miséricorde plutôt que de la sévérité ; elle pense subvenir aux besoins de l'heure présente en montrant la valeur de son enseignement plutôt qu'en renouvelant des condamnations. »
>
> (Allocution d'ouverture du Concile – 11 octobre 1962)

La fonction paternelle du principe de réalité se présente donc comme un instrument à trois cordes : le réalisme, le regard positif sur l'étape de croissance, l'acceptation de la souffrance.

Les sociétés primitives accompagnent la croissance par des étapes d'initiation. Celles-ci aident le jeune à entrer dans le groupe social en lui donnant sa place et donc un sentiment d'appartenance. Les seuils sont objectivés par les rites sociaux d'initiation. Les saisons de la vie sont jalonnées par des fêtes familiales ou sociales qui reconnaissaient ainsi l'évolution de chacun de ses membres.

Nos grands-parents se souviennent de la première montre à douze ans pour la communion solennelle et du service militaire à la majorité. Celui qui revenait s'entendait dire immanquablement : « Maintenant, tu es un homme. » Et cela préparait l'étape suivante : fonder une famille.

Ces rites d'initiation sont sans doute à réinventer par les familles, les communautés civiles et ecclésiales.

L'enfant, puis le jeune a besoin d'un itinéraire balisé pour savoir où il se situe dans le dynamisme de croissance. Les étapes du scoutisme, les catégories progressives dans le sport aident à cela. Le jeune éprouve de la fierté quand il passe l'épreuve qui lui permet d'aller plus loin.

La parole paternelle va, dans cette perspective, aider l'enfant à quitter l'imaginaire pour s'incarner dans des projets de vie réels.

À l'enfant qui rêve de devenir un grand sportif, il dira : « Sois courageux quand nous faisons une petite marche ! »

À l'adolescente qui se projette religieuse soignant les lépreux, il dira : « Commence par t'occuper de ta petite sœur quand nous nous absentons ! »

À celui qui s'imagine chercheur scientifique à la NASA, il dira : « Tu es bon en math et les résultats de ce trimestre sont en progrès. Il faut poursuivre ton effort si tu veux toujours être ingénieur. »

Le père va introduire l'enfant, puis l'adolescent dans le monde réel des adultes. Il va l'encourager à affronter la souffrance et le combat liés au principe de réalité. Dans les temps bibliques, cela était plus facile car l'enfant travaillait tôt avec son père et sa mère. L'initiation pouvait se faire dans le quotidien. La présence du père encourageait l'enfant à « devenir grand », à passer dans cet autre monde qui est celui des adultes.

Souvenir personnel

Nous étions dans une famille plutôt aisée. Papa était magistrat, maman donnait des cours à la maison. À l'adolescence, comme tous mes copains, je rêvais d'une mobylette et de bien d'autres choses. Certains de mes camarades, dont les parents avaient de l'argent, obtenaient rapidement ce qui était l'objet de mes rêves.

Mais dans ma culture familiale, la loi paternelle prescrivait : « L'été, tu as deux mois et demi de vacances. Tu travailles un mois afin de gagner de l'argent pour tes besoins personnels » (c'était une époque où il y avait moins de chômage et où il était assez facile d'avoir des « jobs » en été).

J'en ai voulu alors à mon père que je trouvais « près de ses sous ». J'étais parfois en colère quand il fallait aller bosser au mois de juillet et que je voyais les autres partir à la plage.

Mais qui dira ma fierté lorsque j'ai reçu ma première « paie » ? Qui dira ma satisfaction de savoir que ceci ou cela, je l'ai payé avec mon argent ? (Pour être juste, je dois reconnaître que mes parents complétaient la somme manquante pour m'aider à acheter ce que je voulais !)

Une semaine avant la fin du mois, je réfléchissais aux choix que je devais faire : avec ce montant, fallait-il acheter ceci ou cela ? Cela faisait partie du plaisir. Sans le savoir, j'apprenais le « principe de réalité ».

Dans la petite usine de faïencerie, les ouvriers se changeaient au vestiaire avant de rentrer chez eux. J'étais tellement fier de travailler que je rentrais à la maison « en bleu de travail » pour que tout le monde voie que j'étais un « travailleur » !

Plus tard, étant papa, j'ai redit la « loi paternelle » à mes enfants : « Si tu veux telle ou telle chose importante, essaie de trouver un job d'été pour participer à cet achat ! » Et j'ai été émerveillé de leur capacité à se prendre en charge pour trouver des boulots divers et variés.

Je ne sais qui était le plus fier, de moi ou d'eux.

Exercice pratique à faire en couple

TEST noté sur 10 : Êtes-vous « incarné » ? Réconcilié avec la réalité ?

1. Oui à la vie : Est-ce que j'aime la vie, ma vie ? Est-elle pour moi un don, un cadeau, une grâce de Dieu ou est-ce une « vallée de larmes », un « mur des lamentations » ? Mes enfants me voient-ils « vivant », dans la joie de vivre, ou dans la « déprime » permanente ?

2. Oui à mon identité sexuelle : Suis-je heureux d'être un homme, une femme ? Mon identité est-elle source de fierté ou de honte ? Est-ce que j'aime la mixité ? La grâce de l'autre sexe ? Ou est-ce que je passe mon temps à rivaliser, critiquer, dénigrer « les hommes », « les femmes » ?

3. Oui à mon corps : Suis-je bien « dans ma peau », dans mon corps ? Sans mépris ni idolâtrie. Est-ce que je vis bien mes capacités et mes limites ? Est-ce que je m'accepte, est-ce que je m'aime ou bien ai-je du mal à me supporter ? Est-ce que j'éprouve le besoin de changer d'apparence, de recourir à la chirurgie esthétique ou est-ce que « ça va bien comme ça » ?

4. Oui à mon âge : Est-ce que j'aime les saisons de ma vie et apprécie la beauté de chacune ? Est-ce que j'accepte mon âge actuel ? Mon anniversaire est-il une occasion d'action de grâces ou de mélancolie ?

5. Oui à mes origines familiales : Ai-je honte ou suis-je fier de mes racines, parents et grands-parents ? Est-ce que je m'inscris sans complexe dans la lignée familiale ou est-ce que j'éprouve de la gêne, de la honte vis-à-vis du passé familial ? Y a-t-il des secrets de famille qui me hantent comme des fantômes ?

6. Oui à ma patrie et à ma culture : Est-ce que j'aime mon pays, son histoire, sa culture ? Sans idolâtrie ni mépris des autres nations. Est-ce que j'éprouve de la fierté ou de la honte pour mon histoire nationale ?

Est-ce que je préfère toutes les autres civilisations à la mienne ? Suis-je plutôt du genre chauvin ou ai-je tendance à dénigrer mon pays, ses valeurs, ses institutions ?

7. Oui à mon époque : Est-ce que je vois surtout « les ombres » ou surtout « les lumières » de mon époque ? Ai-je la nostalgie du passé ? La peur de l'avenir ? Ou suis-je plutôt tendance « du passé, faisons table rase » ? Y a-t-il en moi un équilibre entre « tradition » et progrès » ? Ou suis-je foncièrement « traditionnaliste » ou « progressiste » en tout ?

8. Oui à mon histoire sainte : Est-ce que je suis comme le peuple de Dieu dans la Bible, capable de reconnaître les mystères joyeux et douloureux de ma vie ? Est-ce que je peux, comme saint Augustin et sainte Thérèse de Lisieux, relire ma vie en « confessant » la présence de Dieu et sa miséricorde dans mon histoire personnelle ? Y a-t-il des situations et des événements qui me poursuivent comme des reproches ? La relecture de ma vie m'entraîne-t-elle plutôt vers l'action de grâces ou vers la culpabilité ?

9. Oui à mon tempérament, mon caractère : Est-ce que je mets en pratique le conseil de saint Paul de *« garder de soi une sage estime »* (Rm 12, 3) ? Est-ce que je suis capable de voir mes dons, mes talents et aussi de reconnaître mes limites et mes défauts ? Est-ce que je m'aime ou est-ce que j'ai du mal à me supporter ? Est-ce que je suis heureux d'être « moi » ? Ou préférerais-je être quelqu'un d'autre ?

10. Oui à mon Nazareth : Jésus a dit oui à son Nazareth :

– Son lieu de vie (village) ;

– Ses conditions d'existence (la Galilée sous occupation romaine) ;

– Sa vie de famille ;

– Son travail de charpentier ;

– Son état de vie.

Et moi ? Mon Nazareth est-il perçu comme un verre « à demi vide ou à demi plein » ? Cela entraîne-t-il plutôt la satisfaction ou la frustration ?

Mes enfants me voient vivre, me voient « être ». Le message que je leur transmets est souvent sans paroles. S'ils me voient bien accordé au principe de réalité, ils pourront, à leur tour, entrer sans crainte dans la beauté de la vie réelle.

III. Prière

Préparation à la prière

Nous présentons à Dieu nos blessures :

– *Par excès.*

En voyageant en Afrique et au Brésil pour la Communauté, je vois souvent des jeunes enfants, garçons et filles, « qui n'ont pas d'enfance ».

Dans les familles pauvres, il faut aider le père ou la mère et travailler dès le plus jeune âge. Cela donne des personnes très adultes et très responsables, mais dont une partie de l'enfance a été « volée ».

Si l'individu se structure ainsi, il pourra ne considérer comme sérieux que ce qui rapporte et mépriser les loisirs ou les temps de gratuité.

C'est aussi le cas de bien des personnes dans la génération d'après-guerre : il fallait se battre courageusement pour reconstruire son pays et gagner sa vie sans pouvoir compter sur des aides extérieures.

Cela donne parfois des gens qui ne savent pas s'arrêter, qui considèrent que les moments de repos ou de détente sont du « temps perdu ». Et ce genre de comportement est pénible pour tout l'entourage. Les temps de gratuité sont perçus comme inutiles car tout est centré sur le faire.

Il y a aussi des personnes éduquées par un père courageux, mais présentant la réalité du travail comme une nécessité sans aucun intérêt, comme une obligation pénible. L'enfant garde en mémoire les propos résignés de son père allant au boulot comme à un supplice. Cela peut provoquer chez le jeune une peur d'affronter ce monde-là, une fuite pour éviter la confrontation avec un « mal nécessaire ».

– *Par défaut.*

Ce cas est plus fréquent aujourd'hui. Bien des pères sont absents d'une manière ou d'une autre. La pire des absences est qualitative. Beaucoup d'enfants ont des papas souvent absents physiquement pour des raisons professionnelles, mais si la mère « rend présent » le père, cela n'a aucune conséquence négative : le père est bien là « symboliquement » et c'est l'essentiel. En revanche, si le papa est dominé par sa femme, insignifiant ou encore ado lui-même, l'enfant aura plus de mal à passer du virtuel à la réalité. Il sera lui aussi dans « son monde » et aura beaucoup de difficultés à construire un projet de vie, qu'il soit professionnel ou sentimental. Il sera démuni face à la « résistance du réel » : difficultés relationnelles, gestion des problèmes, endurance pour durer dans une orientation.

Il lui faudra souvent plus de temps pour accéder à la maturité, pour sortir du monde de l'imaginaire où tout est possible.

Dans le domaine du rêve ou du virtuel, tout et son contraire sont envisageables.

Le principe de réalité rappelle que « choisir c'est renoncer ». Cela est vrai dans tous les domaines : le choix du conjoint, du nombre d'enfants, de la profession, de l'habitat, de la mission d'Église. « Je ne peux avoir le beurre et l'argent du beurre », dit le dicton populaire.

Souvent, certaines personnes diffèrent les choix indéfiniment car elles ont peur de renoncer à des choses qu'elles voudraient garder « en réserve ».

Comme les muscles qui ne travaillent pas deviennent mous, les volontés qui sont incapables de se déterminer deviennent flasques, hésitantes, volatiles.

Prions

Voir page 67.

Chapitre 6

Le père reconnaît

I. Dans la Parole de Dieu

1. Dans l'Ancien Testament

Dieu se révèle comme le Père de son peuple Israël. Il n'est pas le Père des personnes, mais d'une nation :

> *« Tu diras à Pharaon : Ainsi parle le Seigneur :* ***mon fils premier-né, c'est Israël****. Je t'avais dit : Laisse aller* ***mon fils****, qu'il me serve. »* (Ex 4, 22-23)

Et Dieu va se manifester comme un père qui, prenant soin de son fils, le fait de deux façons : par les actes et par la parole.

a. Par les actes paternels

Nous considérerons cet aspect surtout dans l'épisode de la marche au désert.

– Le père guide.

« Lorsque la nuée s'élevait au-dessus de la tente, alors les Israélites levaient le camp ; au lieu où la nuée s'arrêtait, là campaient les Israélites. Les Israélites partaient sur l'ordre de Dieu et sur son ordre ils campaient. » (Nb 9, 17-18)

– Le père protège.

« Ce jour-là, le Seigneur sauva Israël des mains des Égyptiens. » (Ex 14, 30-31)

– Le père nourrit.

« Moïse leur dit : "Cela, c'est le pain que le Seigneur vous a donné à manger [...]". *Les Israélites mangèrent de la manne pendant quarante ans, jusqu'à ce qu'ils arrivent en pays habité.* » (Ex 16, 15 et 35)

– Le père apprend à combattre les ennemis.

Les Amalécites survinrent et combattirent contre Israël à Rephidim. Moïse dit alors à Josué : « Choisis-toi des hommes et demain, sors combattre Amaleq ; moi, je me tiendrai au sommet de la colline, le bâton de Dieu à la main. » (Ex. 17, 8-9)

– Le père enseigne.

Le Seigneur dit à Moïse : « Tu parleras ainsi aux Israélites. » (Ex 20, 22)

– Le père corrige.

Après le refus des Israélites d'entrer en terre de Canaan par peur de ses habitants :

« Tous ces hommes qui ont vu ma gloire et les signes que j'ai produits en Égypte et au désert, ces hommes qui m'ont déjà dix fois mis à l'épreuve sans obéir à ma voix, ne verront pas le pays que j'ai promis par serment à leurs pères. » (Ex 14, 22-23)

– Le père pardonne.

« Et le Seigneur renonça à faire le mal dont il avait menacé son peuple. » (Ex 32, 14)

– Le père soutient.

« Tu l'as vu aussi au désert : le Seigneur ton Dieu te soutenait comme un homme soutient son fils, tout au long de la route que vous avez suivie jusqu'ici. » (Dt 1, 31)

À travers toutes ces actions, Dieu reconnaît que le peuple d'Israël est bien son fils et Il le lui montre en prenant soin de lui.

b. Par la parole paternelle

Dans la longue histoire du peuple élu, nous ne retiendrons qu'une seule période, l'une des plus dramatiques, dans laquelle le Seigneur se manifeste à travers des paroles de reconnaissance.

En 587, tout semble perdu. La Ville Sainte de Jérusalem est conquise par les Babyloniens, le temple de Salomon, lieu de la présence de Dieu, est détruit. Une partie de la population est exterminée, l'autre est déportée *« au bord des fleuves de Babylone »*.

Pour beaucoup de juifs, il n'y a plus d'espoir. Certains estiment, selon la pensée du temps, que Mardouk, la divinité principale des vainqueurs, est plus puissante que le Dieu d'Abraham et de Moïse.

Il n'y a pas d'autre issue que de s'assimiler pour survivre, quitte à perdre son identité nationale et religieuse.

D'autres affirment que cette catastrophe est la conséquence des infidélités des Israélites à l'égard du Seigneur et que celui-ci a abandonné son peuple à cause de ses péchés.

Dans la vision des ossements desséchés représentant symboliquement Israël, Ézéchiel résume l'état d'esprit des exilés :

> *« Ces ossements, c'est toute la maison d'Israël. Les voilà qui disent : "Nos os sont desséchés, notre espérance est détruite, c'en est fait de nous".* » (Ez 37, 11)

Dieu va parler par la médiation de trois grands prophètes à ce peuple désespéré. Que dit-il ? Des paroles de reconnaissance qui encouragent, remettent debout, redonnent vie.

– Dieu parle par Isaïe.

> *« C'est moi, je suis Celui qui vous console »* (Is 51, 12)
> *« Consolez, consolez mon peuple, dit votre Dieu, parlez au cœur de Jérusalem et criez-lui que sa faute est expiée. »* (Is 60, 1)
> *« Et toi, Israël, mon serviteur, [...] je t'ai dit : "Tu es mon serviteur, je t'ai choisi, je ne t'ai pas rejeté." Ne crains pas car je suis avec toi. »* (Is 41 8-10)
> *« Ne crains pas, car je t'ai racheté, je t'ai appelé par ton nom : tu es à moi. Si tu traverses les eaux, je serai avec toi, et les rivières, elles ne te submergeront pas. Si tu passes par le feu, tu ne souffriras pas, et la flamme ne te brûlera pas... Car je suis le Seigneur, ton Dieu, le Saint d'Israël, ton sauveur. Car tu comptes beaucoup à mes yeux, tu as du prix et je t'aime. »* (Is 43, 1-4)

– Dieu parle par Jérémie et annonce une Nouvelle Alliance.

> *« Voici venir des jours – oracle du Seigneur – où je conclurai avec la maison d'Israël (et la maison de Juda) une alliance nouvelle. Mais voici l'alliance que je conclurai avec la maison d'Israël après ces jours-là, oracle du Seigneur. Je mettrai ma Loi au fond de leur être et je l'écrirai sur leur cœur. Alors je serai leur Dieu et eux seront mon peuple. »* (Jr 31, 31-33)

– Dieu parle par Ézéchiel.

«Ainsi parle le Seigneur. Voici que j'ouvre vos tombeaux ; je vais vous faire remonter de vos tombeaux, mon peuple, et je vous ramènerai sur le sol d'Israël... Je mettrai mon Esprit en vous et vous vivrez. » (Ez 37, 12-14)

Les paroles de reconnaissance vont toujours dans le même sens : elles sont comme une déclaration d'amour qui dit :

– Qui est Dieu : « Je suis ton Dieu » ;

– Qui est l'homme : « Tu es mon peuple » ;

– Quelle est leur relation : « une alliance éternelle » ;

– Quel est l'enjeu de la situation dans la détresse présente : « Tu vas vivre et sortiras victorieux de l'épreuve ».

Comme dans le récit de la Création, « **Dieu dit et cela est** » car sa Parole est efficace.

Les promesses du Seigneur se réaliseront avec la victoire des Perses sur les Babyloniens et l'édit de Cyrus permettant aux juifs de revenir en Terre Sainte (en 538).

2. Dans le Nouveau Testament : la Reconnaissance de Jésus par le Père

Dans les Évangiles, à trois reprises, le Ciel s'entrouvre et le Père intervient directement en révélant sa relation unique à Jésus, son Fils.

Nous n'aborderons que le premier des trois passages : le baptême dans le Jourdain.

« Ayant été baptisé, Jésus aussitôt remonta de l'eau ; et voici que les cieux s'ouvrirent : il vit l'Esprit de Dieu descendre comme une colombe et venir sur lui. Et voici qu'une voix venue des cieux disait : "Celui-ci est mon fils bien-aimé, qui a toute ma faveur". » (Mt 3, 16-17)

Dans cette scène, le Père du ciel **reconnaît** son fils unique. Cette reconnaissance revêt deux formes distinctes :

– il donne l'identité : *« Celui-ci est mon fils bien-aimé »*.

Jésus seul est le Fils de Dieu par nature. Le Père le reconnaît pour ce qu'il est, bien plus qu'un sage, un rabbi ou un prophète : son Fils unique et bien-aimé.

– il se réjouit de ce qu'il est sous son regard : il s'émerveille.

Il admire, il est dans la reconnaissance : *« qui a toute ma faveur »*. Avoir de la reconnaissance, c'est dire merci à l'autre pour ce qu'il fait, mais surtout pour ce qu'il est.

Le Fils reconnu est reconnaissant :

– Parce qu'il est reconnu par son Père, le Christ est plein de reconnaissance pour Lui. Les proches de Jésus le perçoivent.

> *« En ce temps-là, Jésus prit la parole et dit : "Je te bénis, Père, Seigneur du ciel et de la terre, d'avoir caché cela aux sages et aux intelligents et de l'avoir révélé aux tout-petits. Oui, Père, car tel a été ton bon plaisir". »* (Mt 11, 25-27)

– Parce qu'il est reconnu par son Père comme Fils bien-aimé, Jésus va lui-même « reconnaître » les hommes qu'Il rencontre. Il pose un regard qui aime, guérit, encourage, remet debout.

La double fonction de la reconnaissance – donner l'identité et dire merci – se manifeste dans toutes les pages de l'Évangile.

Les hommes voient les apparences, fonctions sociales et étiquettes : un centurion de l'armée d'occupation, un collaborateur qui profite de sa place pour faire du profit, une femme pécheresse objet de la réprobation sociale, une Samaritaine à la vie dissolue, un collecteur d'impôts à Jéricho, un zélote résistant à l'occupation militaire.

Et Jésus reconnaît en eux des « *fils d'Abraham* », des enfants de Dieu ; il redonne la dignité en reconnaissant leur véritable identité de fils et filles du Père.

Son amour relève, donne confiance, ouvre un avenir, fait entrer dans une vie nouvelle.

Et Jésus s'émerveille, il est dans l'action de grâce, la reconnaissance pour ces personnes qui se laissent aimer, font confiance, ont la foi.

Scènes étonnantes où le Fils de Dieu admire la foi des hommes.

> « *Entendant cela, Jésus fut dans l'admiration et dit à ceux qui le suivaient : En vérité, je vous le dis, chez personne je n'ai trouvé une telle foi en Israël.* » (Mt 8, 10)

II. La fonction paternelle de reconnaissance dans la vie

La mère fait naître son enfant (et son mari).

Le Père reconnaît son enfant (et sa femme comme épouse et comme mère).

Le père de la terre est appelé à reconnaître son enfant dans les deux sens du terme que nous avons évoqués.

Par sa parole et toute sa façon d'être, il délivre ce message : « Je suis heureux que tu sois mon fils, ma fille. Je suis fier de toi. Je te fais confiance. Avec tes qualités, tu vas réussir ta vie. »

Si le fils ou la fille reçoit cette parole de reconnaissance, il sera heureux d'être ce qu'il est et sera réconcilié avec son identité sexuelle, il accueillera ses dons et ses talents et aura une juste estime de soi.

L'enfant est habité par bien des peurs (qui souvent demeurent dans l'adulte) :

– peur d'être abandonné,
– peur de décevoir l'attente de ceux qu'il aime,
– peur de l'échec face aux difficultés de la vie,
– peur du regard des autres et des jugements qui condamnent,
– peur de la souffrance,
– peur de l'avenir et de l'inconnu…

L'amour paternel manifesté par toute la vie constitue comme un regard et une parole qui donnent la vie. La force du papa se communique dans l'acte toujours renouvelé de la reconnaissance. L'enfant qui se sait aimé ainsi reçoit une force intérieure, un capital confiance, une sécurité affective indéfectible.

Le père donne l'encouragement dont toute personne a besoin pour oser vivre, grandir, durer, affronter l'adversité.

L'autorité fait grandir. La fonction de reconnaissance répète sans cesse : « Relève-toi, debout, recommence, tu vas réussir… »

Voici une belle illustration vécue par **Jean Vanier** :

> « La souffrance propre à beaucoup d'adolescents est leur manque de confiance en eux-mêmes. Les adultes paraissent si certains, si forts, si capables ; eux ont besoin d'être confirmés. J'ai personnellement eu beaucoup de chance. Quand j'ai voulu entrer dans la Marine à l'âge de treize ans, en 1942, en pleine guerre, j'ai dû, bien sûr, en parler à mon père. C'était particulièrement délicat à une période où les sous-marins allemands coulaient un navire allié sur trois, car nous étions au Canada et l'école des futurs officiers de la marine de guerre britannique se trouvait en Angleterre. Il fallait donc traverser l'Atlantique. Mon père m'a demandé pourquoi je voulais entrer dans la Marine. Je ne sais ce

que je lui ai dit, mais je me souviens de sa réponse : "J'ai confiance en toi, si tu le veux, il faut que tu le fasses." J'ai réalisé longtemps après que ses paroles m'ont donné vie. J'aurais accepté s'il avait dit : "Attends, dans quelques années, tu pourras entrer à l'École navale de la Marine canadienne." Mais j'aurais perdu confiance en mes intuitions. Sa confiance en moi m'a donné confiance en moi-même ; elle m'a aidé ainsi à vivre pleinement le défi. Je ne voulais pas non plus trahir sa confiance. »

(*Toute personne est une histoire sacrée*, Plon, p. 114)

Cette fonction paternelle doit être encouragée, libérée.

Les épouses ont un rôle à jouer dans ce domaine : permettre, bien plus, susciter l'intervention du père. La parole de la mère se situe davantage dans la proximité, l'intimité ; celle du père semble venir « de plus loin », elle est distanciée, plus extérieure. C'est pour cela qu'elle a un impact particulier car elle est perçue comme plus objective.

L'amour maternel est naturellement « inconditionnel ». Les instituteurs(trices) le savent dans les rendez-vous scolaires : les mamans prennent souvent position « pour » leur enfant, comprenant leurs faiblesses, se faisant parfois l'avocate de causes difficilement défendables.

L'amour paternel est peut-être plus « conditionnel » dans le sens où il pose des conditions qui doivent être respectées pour que la relation père-enfant soit bonne.

Il ne s'agit pas de poser des comparaisons en termes de plus ou de moins d'amour.

L'enfant a besoin de ces deux formes d'amour : « l'inconditionnel » lui donne une sécurité affective (« Quoiqu'il arrive, je suis aimé ») ; le « conditionnel » fait grandir en cherchant à « mériter » la reconnaissance.

La parole d'encouragement du père produira donc un effet différent. Elle est importante à tous les moments de la vie, mais surtout à l'adolescence et dans les moments de doute et de trouble dans le cœur du jeune.

Témoignage d'une maman

« Notre fille a quinze ans. Mignonne, joyeuse, intelligente, elle a tout pour plaire. Et pourtant, à l'adolescence, elle doute d'elle, se trouve "physiquement pas terrible", etc.

Un soir, elle rentre à la maison, fermée, triste, les yeux humides. Je sens qu'elle ne va pas bien et je l'aide à exprimer ce qui ne va pas. Elle était vaguement amoureuse d'un garçon de la classe, mais celui-ci n'a rien vu et s'est tourné vers une autre, sa meilleure copine. Dramatisant, comme on sait le faire à cet âge, elle dit : "C'est toujours comme ça. Les garçons ne me remarquent pas. Je suis moche. Il ne me reste plus qu'à être bonne sœur !" Elle a vidé son cœur avec moi, sa maman, et cela lui a fait du bien.

Mais je sens qu'il faut recourir aux grands moyens et faire intervenir son père pour qu'elle entende une parole d'homme. J'en ai parlé à mon mari. Si saint Paul dit que l'époux est "la tête", moi, l'épouse, je suis le cou qui l'oriente dans la bonne direction !

Le soir, je les entends parler tous les deux, au salon, pendant que je fais semblant d'être occupée à autre chose, pas loin bien sûr. J'entends des bribes de phrases. "Tu es super mignonne. Je te trouve très jolie et même, j'ai remarqué que les garçons ne sont pas insensibles à ton charme. Avec toutes tes qualités, celui que tu choisiras aura bien de la chance. Ne t'en fais pas si cet ado boutonneux n'a aucun goût. Il n'est pas digne de toi ! Ton amoureux, il devra te mériter car tu es quelqu'un de très bien. Crois-moi, tu es super produit de luxe et pas du bas de gamme. Alors, ne fais pas de soldes ou de promotion avec ce que tu es !", etc.

J'avoue que j'étais un peu déroutée par les propos désobligeants sur le garçon et sur les comparaisons peu romantiques avec les produits commerciaux. Mais je dois reconnaître que cela a eu de l'effet. Notre fille est remontée dans sa chambre, fière comme une princesse, et a remis sa musique assourdissante, a chanté ses airs préférés. La parole paternelle avait fait son travail. Notre fille était reconnue sur son physique, ses dons et sur son avenir. Ah oui, j'oubliais ! Quelques années plus tard, elle a effectivement rencontré son prince charmant… Il est vraiment très, très bien. »

Témoignage de sainte Thérèse de l'Enfant-Jésus

À l'âge de quatorze ans, Thérèse veut entrer au Carmel. Elle va en parler à son père. Comment va-t-il réagir, lui qui est veuf et a vu partir ses trois filles aînées pour être religieuses ? En accueillant et en comprenant sa vocation, monsieur Martin « reconnaît » la valeur de l'appel de Dieu dans le cœur de sa fille, si jeune encore.

« Ce ne fut que l'après-midi en revenant des Vêpres que je trouvai l'occasion de parler à mon petit Père chéri […]. La belle figure de Papa avait une expression céleste, je sentais que la paix inondait son cœur ; sans dire un seul mot, j'allai m'asseoir à ses côtés, les yeux déjà mouillés de larmes, il me regarda avec tendresse et prenant ma tête, il l'appuya sur son cœur, me disant : "Qu'as-tu ma petite reine ?… Confie-moi cela…" Puis se levant, comme pour dissimuler sa propre émotion, il marcha lentement, tenant toujours ma tête sur son cœur. À travers mes larmes, je lui ai confié mon désir d'entrer au Carmel, alors ses larmes vinrent se mêler aux miennes, mais il ne dit pas un mot pour détourner ma vocation, se contentant simplement de me faire remarquer que j'étais encore bien jeune pour prendre une détermination aussi grave. Mais je défendis si bien ma cause qu'avec la nature simple et droite de Papa, il fut bientôt convaincu que mon désir était celui de Dieu lui-même et dans sa foi profonde, il s'écria que le Bon Dieu lui faisait un

grand honneur de lui demander ainsi ses enfants, nous continuâmes longtemps notre promenade, mon cœur, soulagé par la bonté avec laquelle mon incomparable Père avait accueilli ses confidences, s'épanchait doucement dans le sien. »
(*Œuvres complètes*, Cerf-DDB, p. 151-152)

Pour montrer à sa fille qu'il croit en sa vocation, monsieur Martin ira même jusqu'à l'accompagner à l'évêché et s'efforcera de plaider sa cause devant Mgr Hugonin qui était réticent.

Thérèse racontera les démarches qu'il lui faudra faire et les épreuves rencontrées avant d'entrer au Carmel. Ce fut difficile pour elle, cependant, elle pourra s'appuyer non seulement sur sa conviction personnelle, mais aussi sur la confirmation de son père qu'elle admirait et qu'elle respectait en tant qu'homme de Dieu, « n'ayant qu'à le regarder pour savoir comment prient les saints ».

Témoignage personnel – Drôle de reconnaissance

« J'ai treize ans, mais je fais plus que mon âge. C'est ma rentrée scolaire en 4e à Cherbourg. Je suis un des "nouveaux" de la classe. Dès la première semaine, une rencontre de handball profs-élèves est organisée dans l'établissement pour favoriser un bon climat. 16 heures, le gymnase est plein ; notre classe se trouve debout, au bord du terrain. Les plus grands, les Terminales, font la loi depuis plusieurs jours et bizutent les plus jeunes. Au milieu, je reconnais leur chef qui m'a été montré dès le premier jour comme celui qu'il fallait éviter.
Durant le match, on nous pousse dans le dos, on nous crache dessus par derrière, on nous pique avec des compas. Beaucoup d'élèves de ma classe s'en vont ailleurs. Les "grands" veulent dégager les plus jeunes et occuper leur place. Je fais exprès de

rester sur place, sans bouger, comme si de rien n'était. On me bouscule, m'insulte. J'essaie de rester stoïque. Et puis le chef m'envoie une grosse bourrade dans le dos et dit : "Dégage, je vois rien !" » Je me retourne et lui envoie un coup de poing en pleine figure. Bagarre entre nous deux. Le match est arrêté au moment où je l'ai plaqué au sol, immobilisé. Les profs nous séparent.

Nous sommes envoyés illico au bureau du proviseur. Il nous interroge séparément ainsi que quelques témoins de l'incident. On me demande de rentrer chez moi. Mon père est convoqué le soir même chez le proviseur. Je m'inquiète. Papa, homme de loi, a horreur de l'indiscipline. Je viens juste d'arriver dans cette nouvelle école et j'ai déjà un problème. Ça risque de barder à son retour. Une heure d'attente, anxieuse.

Papa rentre. Il n'a pas son air des mauvais jours. La punition ne sera peut-être pas trop dure. Il me dit : "Le proviseur a fait son enquête. Le gars qui t'a agressé est du genre teigneux, il a eu plusieurs histoires de violence et de racket dans le lycée. On m'a dit que tu t'es bien défendu. Tu lui as donné une bonne correction. C'est bien. Il ne faut jamais te laisser faire, ni te défiler, ni t'écraser devant des c… comme ça."

Et papa sort de sa poche un billet de cinq francs (avec la tête de Victor Hugo) ; j'étais complètement hébété.

"Tiens… tu as été bien. On va te laisser en paix, maintenant. Mais n'abuse jamais de ta force – on ne frappe jamais les filles ni les moins forts que soi. Et maintenant, va faire tes devoirs."

Le lendemain, à l'école, j'étais le héros du jour… mais ce qui me faisait le plus plaisir, c'est d'avoir été celui de mon père. »

Andrew Comiskey a été un homosexuel militant. Dans un livre-témoignage : *Vers une sexualité réconciliée*, il raconte comment, après sa conversion à la foi chrétienne, il vécut un chemin progressif de réconciliation avec son identité masculine. Contrairement aux idées reçues, il affirme qu'un changement de l'homosexualité à l'hétérosexualité est possible.

Il se consacre à un ministère international pour toutes les personnes confrontées à des souffrances dans le domaine de la sexualité (le mouvement « Torrent de Vie »). À partir de son expérience personnelle et pastorale, il montre les conséquences dramatiques de la déficience de la fonction paternelle de reconnaissance.

« La majeure partie de mon développement sexuel durant l'enfance fut marquée par une véritable aliénation face à ma propre masculinité. Je me sentais inadéquat et inadapté face à la virilité. Cette impression était largement due à un détachement émotionnel par rapport à mon père, tendance nourrie autant par mes propres attentes et mes fausses perceptions que par les manquements paternels. Cette dissociation fut renforcée par un rejet cyclique de la part de camarades masculins, qui commença à l'école primaire et continua jusqu'à l'adolescence. Je n'avais pas conscience des blessures et du jugement qui caractérisaient mes rapports avec la population mâle. Je ne voyais pas non plus à quel point j'étais brouillé avec ma propre masculinité. [...]
Finalement, je soumis mon âme à un examen approfondi. Qu'est-ce qui maintenait en vie ces désirs homosexuels ? Je découvris l'anormal manque de sentiments envers mon père. En y regardant de plus près, je pris conscience de l'intense colère et du réel ressentiment que j'éprouvais envers lui et que j'avais refoulés depuis des années. Dès que ces émotions purent surgir et que la source de la blessure fut identifiée, je libérai mon père de mon jugement. Ce pardon s'élargit aussi à tous les camarades qui m'avaient rejeté. [...]
Bien plus, l'image que ces gens ont de Dieu a été déformée par des relations brisées avec leurs parents ou d'autres figures d'autorité importantes. Le père naturel semble particulièrement influent dans ce domaine. Les hommes qui ont des tendances homosexuelles se sont souvent sentis

rejetés par un père dont ils n'arrivaient jamais à satisfaire les exigences ; quant aux femmes, elles ont fréquemment eu des pères qui soit ont abusé d'elles, soit les ont rabaissées. **Bon nombre de ces personnes en lutte, des deux sexes, n'ont simplement pas eu un père affectivement ou physiquement présent pour les bénir et les confirmer dans leur identité**, en particulier dans ce que leur masculinité ou leur féminité a d'unique. Et ces perceptions négatives des "qualités" du père – inaccessible, peu digne de confiance et pervers – contribuent à façonner en eux une fausse perception de Dieu le Père. »

(*Vers une sexualité réconciliée*, Andrew Comiskey, éd. Aevia, p. 43 et p. 115)

C'est en étant sollicité et « reconnu » comme homme par sa petite amie qu'il va pouvoir s'engager dans une relation durable avec celle qui deviendra sa femme et la mère de leurs quatre enfants.

« À mesure que notre relation s'approfondissait, le Seigneur me révélait comment mes anciennes unions homosexuelles avaient été alimentées par un intense besoin infantile. Mais maintenant, avec Annette, Dieu m'appelait à me lever et à l'aimer en tant que personne complète. Il voulait que je me donne à elle, que je pourvoie à ses besoins et que je la protège, et non que je la courtise puérilement… Cette position d'homme qui se met au service de la femme serait un véritable accomplissement pour moi ! Annette avait besoin de ma sollicitude masculine afin de déchirer le voile de fausse force et d'autoprotection qui recouvrait son cœur. Elle avait besoin que j'adopte une attitude de service envers elle pour qu'elle puisse accueillir davantage la plénitude de sa propre féminité et de sa vulnérabilité, et répondre positivement aux sollicitations d'autrui.

Un bref exemple pour clarifier les choses : au début de notre amitié, Annette me téléphona dans un grand état de découragement. Je ne savais pas quel était le problème et son coup de fil tendu, désespéré, ne communiquait pas grand-chose, sinon qu'elle avait besoin de moi. Honnêtement, je n'avais pas envie de la voir. J'étais très occupé et, franchement, j'avais l'impression qu'elle abusait de moi. À cette époque, je n'étais d'ailleurs même pas sûr de l'aimer.

De mauvaise grâce, j'entrai dans son appartement. Elle était assise là, comme une orpheline, quelqu'un sous le choc qui suit la perte d'un être cher. Elle pouvait à peine parler. C'est beaucoup plus tard que nous avons compris que les accès de dépression périodiques d'Annette étaient dus à une oppression émotionnelle et spirituelle permanente causée par un abus sexuel.

À ce moment précis, je ne pus que mettre mes bras autour d'elle et la tenir serrée contre moi, conscient de son humeur déplaisante et de la force de ses blessures encore indéfinies. Je l'ai tenue ainsi jusqu'à ce qu'elle pleure. J'avais le sentiment que la force de Dieu me donnait, en tant qu'homme, l'autorité d'aimer la femme qu'il allait appeler à être mon épouse. Et dans ce lieu sûr, Annette laissa la douleur réelle et son besoin surgir. Elle s'adoucit dans la sécurité que lui donnait ma présence. Cet après-midi marqua un changement dans notre relation. Peu de temps après, je me mis à éprouver des sentiments érotiques pour Annette comme jamais auparavant. Je me sentais homme dans ma relation avec elle. À partir de cette masculinité, j'avais la nostalgie d'une communion plus profonde, d'un désir ardent, sain et véritable… de devenir un avec elle. Je sus alors que je voulais Annette comme épouse. Devant Dieu, je savais que j'étais suffisamment homme pour m'engager avec elle pour la vie. »

(p. 161-162)

Exercice pratique à faire en couple

– Comment ai-je reçu cette fonction de reconnaissance dans ma propre enfance ?

– Est-ce que j'exerce, en tant que père, cette fonction de reconnaissance pour chacun de nos enfants ? Comment ?

– Qu'en pense mon épouse ?

– Est-ce suffisant ? Insuffisant ?

– Quels moyens puis-je mettre en œuvre pour favoriser l'exercice de cette fonction ? Entretien personnel ? Activité ensemble père-enfant ?

III. Prière

Préparation à la prière

Remettons dans le cœur de Dieu *les blessures* reçues dans ce domaine.

– *Par excès.* Dans le cas où la fonction de reconnaissance n'a pas été conjuguée avec les deux autres fonctions (la séparation qui donne l'identité et le don de la loi). Si le père encourage une personne qui n'est pas dans la vérité de son être, il est comme un passant à qui on demande le chemin et qui nous indique une mauvaise direction. L'amour doit aller avec la vérité. Une reconnaissance qui n'est que l'approbation affective d'un père faible ou manipulé par le désir de l'enfant est comparable à de la fausse monnaie ou à des billets de banque en période de grande inflation ; cela n'a pas grande valeur.

La personne ayant vécu cela pourra douter d'elle-même et de ses convictions ; elle aura du mal à croire les langages d'encouragement des figures paternelles : « On me dit cela pour me faire plaisir. »

– *Par défaut.* Cela peut être une carence. Le père absent ou insignifiant n'a pu remplir la fonction de reconnaissance. L'enfant éprouve un vide qu'il cherchera à remplir par tous les moyens et sera en quête perpétuelle de reconnaissance. Il va vivre comme quelqu'un qui mendie aux autres l'amour. Il va sans cesse solliciter « le droit d'exister » auprès des figures paternelles. Derrière l'adulte se retrouvera l'enfant qui a besoin d'être reconnu, apprécié, encouragé.

La personne souffrant de mésestime de soi par carence aura du mal à être fière de ce qu'elle fait. Seule l'approbation extérieure lui apportera de façon fugitive le sentiment d'exister. Elle ne sera pas comme un récipient étanche accueillant et gardant l'eau de la considération, mais comme un récipient percé qui ne peut conserver les paroles positives qui encouragent et valorisent…

Cela peut aussi provoquer une personnalité « cassée » par un père qui a déconsidéré l'enfant par des jugements durs ou des accusations. Il existe tant de personnes dont la vie a été perturbée par des paroles paternelles négatives : « Tu es nul, tu es paresseux, tu n'arriveras à rien », « Avec toutes tes fréquentations amoureuses, tu es une fille de rien », etc.

Ces paroles s'apparentent à des paroles de malédiction : elles donnent la mort et enferment dans un destin sans espoir. Les échecs de la vie sont interprétés comme l'accomplissement de la « prophétie » de malheur.

Les enfants peuvent aussi souffrir d'une reconnaissance conditionnée par des objectifs qu'ils estiment hors d'atteinte ; la pression est trop forte dans le domaine spirituel, sportif, artistique, intellectuel, moral, selon les valeurs de la culture familiale. Dans ce cas, la reconnaissance est toujours recherchée, mais rarement obtenue.

Prions

Voir page 67.

Chapitre 7

Le père est tendresse

I. Dans la Parole de Dieu

1. Dans l'Ancien Testament

De nombreux passages des Écritures de la Première Alliance célèbrent la tendresse et la miséricorde de Dieu Père.

– Le Psaume s'en émerveille :

> « *Le Seigneur est* ***tendresse*** *et pitié, lent à la colère et plein d'amour* [...].
> *Comme est la* ***tendresse d'un père*** *pour ses fils, tendre est le Seigneur pour qui le craint.* » (Ps 103)

– avec une mauvaise foi surprenante, le prophète Jonas le reproche à Dieu :

> « *C'est pourquoi je m'étais d'abord enfui à Tarsis ; je savais en effet que* ***tu es un Dieu de pitié et de tendresse****, lent à la colère, riche en grâce et te repentant du mal.* » (Jon 4, 2)

Le langage de la Bible aime à associer les harmoniques de l'amour maternel pour exprimer la tendresse divine.

Pour exprimer celle-ci, il faut se référer au concept biblique de miséricorde. L'Ancien Testament utilise deux termes différents pour en parler : *rahamim* et *hesed.*

Le mot *rahamim* vient de la racine *rehem* qui signifie l'utérus, le sein maternel. Le terme évoque « l'amour utérin de Dieu », une bonté viscérale qui donne la vie.

Les traductions recourent à de nombreux termes pour dire la richesse et la profondeur de ce mot hébreu : miséricorde, tendresse, pitié, compassion, bonté, clémence.

Dans le prophétisme surtout, la tendresse de Dieu conjugue les images paternelles et maternelles.

– Pour Isaïe, Dieu est **Père** :

« *Et pourtant, Seigneur, tu es notre* ***père****, nous sommes l'argile. Tu es notre potier, nous sommes tous l'œuvre de tes mains.* » (Is 64, 7)

Et Il a **un cœur de mère** :

« *Sion avait dit : le Seigneur m'a abandonnée ; le Seigneur m'a oubliée. Une femme oublie-t-elle son petit enfant, est-elle sans pitié pour le fils de ses entrailles ? Même si les femmes oubliaient, moi, je ne t'oublierai pas.* » (Is 49, 14-16)

– Pour Jérémie, Dieu est **Père**.

« *Je suis un père pour Israël et Éphraïm est mon premier-né.* » (Jr 1, 9)

Et Il aime avec des entrailles maternelles :

« *Éphraïm est-il donc pour moi un fils si cher, un enfant tellement préféré, que chaque fois que j'en parle, je veuille encore me souvenir de lui ? C'est pour cela que mes entrailles s'émeuvent pour lui, que pour lui déborde ma tendresse.* » (Jr 31, 20)

– Le prophète Osée relit l'histoire du peuple d'Israël en y voyant **l'éducation paternelle** de Dieu. La tendresse de Dieu Père est présentée dans les images de la vie quotidienne : prendre un bébé dans les bras, apprendre au petit à marcher, tenir l'enfant contre sa joue…

> « *Quand Israël était jeune, je l'aimai, et d'Égypte j'appelai mon fils…*
> *Et moi j'avais appris à marcher à Éphraïm, je le prenais par les bras, et ils n'ont pas compris que je prenais soin d'eux ! Je les menais avec des attaches humaines, avec des liens d'amour ; j'étais pour eux comme ceux qui soulèvent un nourrisson tout contre leur joue, je m'inclinais vers lui et le faisais manger… Mon peuple est cramponné à son infidélité… Comment t'abandonnerais-je, Éphraïm, te livrerais-je, Israël ?*
> *Mon cœur en moi est bouleversé, toutes mes entrailles frémissent.* »
> (Os 11, 1-8)

2. Dans la Personne de Jésus

Jésus est l'icône du Père :

> « *Il est l'image du Dieu invisible.* » (Col 1, 15)
> « *Qui m'a vu a vu le Père.* » (Jn 14, 5)

Sa tendresse se révèle dans son enseignement et dans ses actes.

a. Dans son enseignement

Nous ne retiendrons que la parabole de l'enfant prodigue dans laquelle Jésus nous montre qui est le Père :

> « *Tandis qu'il était encore loin, son père l'aperçut et fut pris de pitié ; il courut se jeter à son cou et l'embrassa tendrement.* »
> (Lc 15, 20)

La tendresse du père s'exprime dans la joie du pardon et les gestes d'affection.

b. Dans ses actes

La tendresse de Jésus se manifeste à toutes les pages de l'Évangile, sous des formes variées. En voici quelques exemples :

– La pitié pour les foules :

> *« À la vue des foules, il en eut pitié, car ces gens étaient las et prostrés comme des brebis qui n'ont pas de berger. »* (Mt 9, 36)

– La compassion pour une veuve qui vient de perdre son fils :

> *« En la voyant, le Seigneur eut pitié d'elle et lui dit : "Ne pleure pas". »* (Lc 7, 13)

– Le bouleversement devant le tombeau de son ami Lazare :

> *« Jésus frémit en son esprit et se troubla... Ils lui dirent : Seigneur, viens et vois. Jésus versa des larmes. »* (Jn 11, 33-35)

– La tristesse devant le refus de Jérusalem d'accueillir son message :

> *« Quand Il fut proche, à la vue de la ville, il pleura sur elle. » (Lc 19, 41)*

En Jésus, nous contemplons un Dieu plein de tendresse, qui se laisse toucher par la souffrance humaine. En Lui, nous découvrons un Dieu qui n'est pas lointain, indifférent à nos détresses. Il est concerné par nos malheurs et Il souffre avec nous. N'est-ce pas le sens du mot « compassion » ?

Souffrir (*passio*) avec l'autre (*cum*). Dieu seul est vraiment « humain ».

L'évangéliste Marc nous montre une belle scène, au cœur de la mission du Christ. Dans le même moment, Jésus se fâche et manifeste sa tendresse !

> *« On lui présentait des petits enfants pour qu'il les touchât, mais les disciples les rabrouèrent. Ce que voyant, Jésus se fâcha et leur dit : "Laissez les petits enfants venir à moi…" Puis il les embrassa et les bénit en leur imposant les mains. »* (Mc 10, 13-16)

En vingt siècles, l'art chrétien a présenté bien des scènes de l'Évangile et de la Bible, mais je trouve que la beauté de ce tableau de Jésus embrassant les enfants n'a pas été assez célébrée.

Avant de mourir, Jésus réunit ses amis pour un dernier repas. Il révèle les secrets de son cœur dans un discours d'adieu (cinq chapitres dans l'évangile de Jean). Au moment de l'annonce de la trahison de Judas, il est écrit : *« Un de ses disciples était installé tout contre Jésus : celui qu'aimait Jésus. »* (Il s'agit de saint Jean lui-même, l'auteur de l'Évangile.)

La traduction littérale serait « dans le sein de Jésus », que l'art chrétien représente simplement : saint Jean pose sa tête sur la poitrine de Jésus, contre son cœur.

Dans la personne de Jésus, nous contemplons un amour à la fois tendre et viril, et cet amour s'exprime continuellement par des gestes et par des mots.

II. Dans la vie

Je voudrais partager avec vous trois convictions qui seront chacune illustrées par les travaux d'un chercheur contemporain sur la paternité.

1. Être un père présent ou impliqué

Jean le Camus, professeur émérite de psychologie à l'université de Toulouse, constate, dans son écrit *Le devenir père, merveilles et déconvenues* (informations sociales 2006/4 n° 132), que les pères aujourd'hui sont **davantage impliqués** dans la vie de l'enfant. Il nomme cela « co-cheminement » au sein du couple auprès de l'enfant. Des domaines, autrefois réservés à la mère, sont maintenant investis par le père. En voici quelques exemples :

– L'attente, avec des visites d'échographie faites ensemble ;

– L'accueil, avec la présence du papa à l'accouchement ;

– L'éducation première. Le père intervient plus ou moins dans les soins du bébé (changement de couches, bain, biberons, trajet d'accompagnement chez la gardienne ou à la crèche).

C'est un fait : le père actuel est plus présent à l'enfant que ceux des générations précédentes.

Deux tendances interprétatives apparaissent à partir de ce constat :

– « Le verre à demi plein » ou l'accent mis sur le « déjà là » : certain(e)s se réjouissent de cette évolution et estiment que cela va dans le bon sens. Tout le monde y gagne : les papas, les mamans, les enfants. Hymne à la modernité : vive la nouvelle tendance.

– « Le verre à demi vide » ou l'accent mis sur le « pas encore » : d'autres considèrent que le changement ne va pas assez vite ni assez loin. Sur la base de statistiques, on s'efforce alors de montrer que les femmes ont davantage de travail que les hommes à la maison et que cela n'est pas juste.

À partir de ce constat, Jean le Camus propose une typologie des pères que l'on peut trouver actuellement autour de nous.

Quatre portraits types sont présentés de façon schématique.

– **Le père sévère** : il est le représentant de la figure traditionnelle de l'autorité. Il apparaît comme un vestige du *pater familias* d'autrefois. Cela semble « une espèce en voie de disparition ».

– **Le papa poule** : il évoque le père au foyer, s'inscrivant dans un rôle de « maman-bis » ; il est dépeint de façon plutôt ironique car il est quand même peu viril.

– **Le père affranchi** : la catégorie regroupe tous les pères qui s'efforcent de construire leur identité à partir de leur aspiration individuelle, en opposition aux normes traditionnelles : pères célibataires, pères de familles recomposées, pères homosexuels. Ces pères « libérés », quoique très valorisés par les médias, revendiquent un comportement individualiste, mais ont de la difficulté à présenter un idéal attractif pour le grand nombre. Leur cheminement demeure « à la marge ».

– **Le père présent** : C'est le terme utilisé pour nommer le modèle idéal. Il conjugue virilité, soutien à sa juste place de la mère, implication dans la vie de l'enfant. Cette figure « concrétiserait l'optimum de la fonction du père, dans la mesure où serait satisfaite une double exigence : la différentiation et l'implication ».

Cette conclusion est pertinente : le « père présent » correspond à un désir partagé par bien des parents et des enfants. Pour nous chrétiens, il est à l'image de la paternité de Dieu qui se fait proche de son peuple : Emmanuel, « Dieu avec nous ».

L'Église, avec le concile Vatican II, nous invite à discerner les « signes des temps », à notre époque. La grille de lecture de saint Ignace de Loyola dans les *Exercices spirituels* reste valable : dans tel événement de la vie (sociale, ecclésiale, personnelle), cherchons à repérer ce qui est à l'œuvre : l'esprit de l'homme, l'esprit de l'Ennemi, l'Esprit de Dieu. Le plus souvent, les trois esprits agissent ensemble, à des niveaux différents.

L'aspiration à un modèle paternel caractérisé par « la présence » semble bien une motion de l'Esprit Saint dans l'histoire contemporaine. C'est un bien pour tous : les hommes, les femmes, les enfants, la société. Reste à clarifier le contenu du concept de « présence ».

Il est souhaitable de distinguer trois types de présence : symbolique, quantitative, qualitative.

– *Symbolique :* l'expérience le montre, des pères peu présents, en terme de temps disponible à la maison, peuvent être de bons pères, très présents dans l'esprit et le cœur de leurs enfants. Bien des militaires, marins, chauffeurs routiers, commerciaux, hommes politiques, etc. peuvent en témoigner. Ils ont peu d'heures dans la semaine à consacrer à leurs familles et à leurs enfants. Et pourtant, ils sont bien présents dans le psychisme de leurs enfants. Cela tient en grande partie au rôle de leurs épouses qui « représentent » ou « rendent présents » le papa à travers une manière d'être et d'en parler.

– *Quantitative :* saint Jean Bosco prônait une pédagogie de la proximité, à l'inverse de la culture de l'époque, associant exercice de l'autorité et distance (dans la famille, l'Église, la société civile). Le saint voulait que cette proximité se manifeste à deux niveaux.

– Dans les activités : car « un éducateur doit se mêler à toute la vie des élèves ». Cela signifie partager les moments de travail, de jeux, de prière. Et Don Bosco étonnait tout le monde en jouant au football avec les jeunes, en faisant avec eux des pièces de théâtre ou des concerts de musique.

« Être avec », c'est le meilleur moyen de connaître l'enfant, ses aspirations, ses qualités et ses défauts.

– Dans le temps accordé : pour le saint de Turin, le mot « surveillance » ne signifie pas être sans cesse sur le dos du jeune, mais plutôt « veiller sur » lui, en donnant de son temps. Il exigeait que ses collaborateurs soient attentifs à cela : ne pas s'éloigner des enfants en les laissant livrés à eux-mêmes. Ce temps passé permet une influence éducative effective, sinon c'est la rue et les mauvaises relations qui seront déterminantes. En fonction des situations particulières, c'est certainement un enseignement que nous pouvons adopter et adapter pour nous, parents.

– *Qualitative :* Gary Chapman signale que « les moments de qualité » sont un des langages de l'amour et que beaucoup de personnes en ont besoin pour nourrir et fortifier leur relation conjugale. Il en est de même dans les liens avec les enfants : on se souvient de temps forts vécus ensemble. Cela diffère selon les âges et les activités : un match de foot, une discussion sérieuse, une randonnée en montagne, une partie d'auto-tamponneuses à la fête foraine. Nous avons tous des souvenirs heureux de ces moments. Les parents disposant de peu de proximité quantitative à cause de leurs engagements professionnels doivent veiller à compenser par des moments de qualité. Le temps de proximité ne doit pas non plus être toujours une obligation pour déculpabiliser. Les enfants ont aussi besoin de se débrouiller tout seuls ! On peut alterner, dans le parc ou sur la plage, des moments de présence où l'on est là, « pas loin », en lisant un livre « pour nous », et d'autres où l'on joue avec l'enfant. Le discernement entre ce qui est bien, nécessaire pour lui et pour moi, doit se faire de telle façon que les parents ne soient pas non plus tout le temps « dévorés » par leurs bambins. La vertu, nous rappelle

Aristote, se situe dans le juste milieu entre deux tendances extrêmes : le trop et le pas assez.

Quelle présence ? Ou la répartition des rôles

Aujourd'hui, de plus en plus, les rôles ou tâches des parents se discutent, se négocient, se répartissent au sein du couple. C'est une excellente chose. Comment prendre en compte toutes les données pour choisir les bonnes orientations ?

– L'égalité de nature et de dignité des sexes ;
– La spécificité de l'homme et de la femme ;
– Les dons et les aspirations de chacun des parents ;
– Les besoins des enfants ;
– L'investissement des parents dans la vie professionnelle ;
– Les contraintes de temps, d'argent, de santé, etc.

L'essentiel est d'être des parents bien investis, personnellement et en couple, dans l'éducation des enfants. Les couples expérimentent cette situation comme étant « à géométrie variable » car il suffit d'un petit changement pour que l'organisation soit remise en cause. Il faut alors, par le dialogue, rechercher un nouvel équilibre.

Notre expérience personnelle, pour mon épouse et moi, pourrait se résumer dans la formule : « Ensemble présents à l'enfant, mais chacun à sa place » ; celle-ci est à investir par chaque conjoint et peut bien sûr évoluer avec les différentes étapes de la vie de la famille (grossesse, changements professionnels, etc.).

2. Oser la tendresse

Cette revendication masculine (et féminine !) est bien représentée par les ouvrages de psychologie populaire de

Guy Corneau dans les années 1990. Les relations père-fils (*Père manquant, fils manqué*, 1989) et père-fille (*N'y a-t-il pas d'amour heureux ?* 1997) sont étudiées en insistant sur l'importance du rôle du père dans le développement affectif des enfants. Tantôt l'accent est mis sur les bienfaits apportés aux enfants si le père prend toute sa place, tantôt sur les blessures psychologiques si celui-ci est défaillant. La spécificité du rôle du père est bien affirmée, revendiquée. Deux convictions sont répétées par l'auteur et représentatives d'une nouvelle tendance :

– La remise en cause d'une culture ne permettant pas aux hommes d'exprimer leurs émotions avec la traditionnelle critique de la sentence : « Un homme ne doit pas pleurer » ;

– La revendication d'oser la tendresse masculine paternelle en invitant les hommes à « s'engager émotionnellement dans les relations avec les enfants ».

Ces thèses vont être facilement adoptées et « baptisées » par un courant de pensée chrétienne. On en trouve un écho chez **Philippe Oswald**, ancien rédacteur-en-chef de la revue *Famille chrétienne* :

> « Sauf à éprouver personnellement de graves désordres psychologiques, un père n'a pas à se défier du côté “féminin” de sa nature, car la tendresse – jusque dans son expression la plus sensible – appartient bien à la fonction paternelle. L'excessive pudeur de beaucoup d'hommes s'explique par l'éducation qu'ils ont eux-mêmes reçue, dans laquelle les marques corporelles de tendresse (baisers, caresses) étaient considérées comme exclusivement féminines. »
>
> (*Debout les pères*, Philippe Oswald, Le Sarment Fayard, p. 65)

Cette tendance est d'autant plus facile à intégrer que, dans la tradition chrétienne, on trouve de nombreuses figures paternelles, pleines de tendresse (dans la paternité humaine et spirituelle). En voici un exemple.

Au XIXe siècle, dans la société bourgeoise en France, il n'était pas habituel qu'un père manifeste des gestes de tendresse à ses enfants. On laissait cela aux femmes : la mère, la sœur, la nourrice, la « bonne »... Mais la sainteté surprend les règles et les coutumes établies. On le sait dans la vie de **Louis Martin**.

Sa fille, Thérèse de Lisieux, témoigne :

> « Que pourrai-je dire des veillées d'hiver, surtout de celles du dimanche ? Ah ! qu'il m'était doux après la partie de damier de m'asseoir avec Céline sur les genoux de Papa. De sa belle voix, il chantait des airs remplissant l'âme de pensées profondes... ou bien, nous berçant doucement, il récitait des poésies empreintes des vérités éternelles. »
> (*Œuvres complètes*, DDB, p. 97)

Monsieur Martin, qui avait l'air digne et respectable d'un grand patriarche, aux dires de Thérèse, sait prendre le temps de jouer avec sa fille.

> « Après la promenade (pendant laquelle papa m'achetait toujours un petit cadeau d'un ou deux sous), je rentrais à la maison, alors je faisais mes devoirs, puis, tout le reste du temps, je restais à sautiller dans le jardin autour de papa, car je ne savais pas jouer à la poupée. C'était une grande joie pour moi de préparer des tisanes avec des petites graines et des écorces d'arbres que je trouvais par terre, je les portais ensuite à papa dans une petite tasse, ce pauvre petit père quittait son ouvrage et puis, souriant, il faisait semblant de boire, avant de me remettre la tasse, il me demandait (comme à la dérobée) s'il fallait en jeter le contenu, quelquefois je disais oui, mais plus souvent, je remportais ma précieuse tisane, voulant la faire servir plusieurs fois... J'aimais à cultiver mes jolies fleurs dans le jardin que Papa m'avait donné ; je m'amusais à dresser des

petits autels dans l'enfoncement qui se trouvait au milieu dans le mur, quand j'avais fini, je courais vers Papa et l'entraînant, je lui disais de bien fermer les yeux et de ne les ouvrir qu'au moment où je lui dirais de le faire, il fait tout ce que je voulais et se laissait conduire devant mon petit jardin, alors je criais : "Papa, ouvre les yeux !" Il les ouvrait et s'extasiait pour me faire plaisir, admirant ce que je croyais être un chef-d'œuvre !... Ah ! Comment pourrais-je redire toutes les tendresses que Papa prodiguait à sa petite reine ? »

(*Œuvres complètes*, DDB, p. 90-91)

Le papa Martin, qui aime la pêche, emmène sa petite Thérèse avec lui et la porte sur son dos pour revenir à la maison quand l'orage menace.

« Ils étaient pour moi de beaux jours, ceux où mon roi chéri m'emmenait à la pêche avec lui, j'aimais tant la campagne, les fleurs et les oiseaux ! [...]
Papa n'était pas tout à fait aussi content que sa petite reine, non que l'orage lui fît peur, mais l'herbe et les grandes pâquerettes (qui étaient plus hautes que moi) étincelaient de pierres précieuses, il nous fallait traverser plusieurs prairies avant de trouver une route et mon petit père chéri, craignant que les diamants mouillent la petite fille, la prit malgré son bagage de lignes et l'emporta sur son dos. » (p. 92)

On comprend que Thérèse, ayant une telle icône de la paternité divine sous les traits de son père, se fera du Père du Ciel une idée si juste : Dieu est Amour et tendresse. Il est le « Bon Dieu » à qui on peut se livrer en toute confiance.

Comme nous le voyons dans la vie de ce « saint papa », la tendresse paternelle se manifeste dans les moments de proximité avec l'enfant : l'écouter, lui raconter des histoires, chanter ensemble, le consoler, se rendre disponible pour jouer avec lui.

Les prophètes d'Israël, nous l'avons vu, associaient à la paternité de Dieu des sentiments maternels. Sainte Thérèse fait de même quand elle évoque la figure de monsieur Martin : « Le cœur si **tendre** de papa avait joint à l'amour qu'il possédait déjà un amour vraiment maternel. » (p. 89)

Rien d'étonnant de la voir utiliser les mêmes expressions quand il s'agit de Dieu et de Jésus.

> « Ô toi qui sus créer **le cœur des mères**
> Je trouve en toi le plus **tendre des pères** !
> Mon seul Amour, Jésus Verbe Éternel
> Pour moi ton cœur est plus que maternel. »
> (« Jésus seul », p. 720)

3. Une tendresse masculine

En approfondissant cette question, il apparaît que les hommes qui expriment leur tendresse à leurs enfants ne le font pas de la même manière que les femmes.

Boris Cyrulnik, neurologue et psychiatre, enseigne l'éthologie humaine à l'université du Var. L'étude des comportements humains à partir d'observations rigoureuses est riche d'enseignements dans ce domaine.

> « À partir de 1976, les éthologues ont observé des situations d'interaction entre les pères et leurs nouveau-nés. Dans l'ensemble, **les pères sont moins toiletteurs et plus joueurs**. Ils disent qu'ils éprouvent peu de plaisir à donner le biberon. Pourtant, l'observation directe de leurs performances alimentaires montre qu'elles sont comparables à celles des mères, parfois même meilleures.
> C'est dans les jeux qu'on note la plus grande différence de style : les mères ont tendance à balancer doucement, à bercer, alors que les pères secouent rythmiquement leur

enfant, ce qui, pour un bébé, constitue une information du plus haut intérêt. Certains jeux sont observés avec une très forte prédominance masculine, comme pinçouiller les lèvres du bébé en mimant soi-même avec la bouche le bruit d'une têtée.
On ne voit presque jamais une mère jouer à ce jeu. Les pères sont plus visuels (coucou), tactiles (toucher, pinçouiller) et moins vocalisateurs que les mères. Ils ont tendance à empoigner les membres inférieurs de leur bébé et à le faire pédaler beaucoup plus que les mères.
Mais le jeu le plus spécifiquement masculin, c'est le lancer de bébé. Les mères soulèvent leurs bébés, en vocalisant, alors que **les pères sont de grands lanceurs de bébés** : ils soutiennent le petit à bout de bras et, sans le lâcher, le font monter et descendre comme dans un ascenseur, pour le plus grand plaisir de l'enfant. Les mères médiatisent leurs interactions de jeux avec des poupées, des jouets et des chiffons, alors que les pères privilégient le corps à corps. »
(*Sous le signe du lien*, Boris Cyrulnik, éd. Hachette Pluriel, p. 114-115)

L'enfant attend de son papa une relation physique de tendresse. Elle est différente de la tendresse maternelle, elle est virile, mais elle est tendresse : marcher en se tenant la main, prendre l'enfant sur ses genoux pour lui raconter une histoire, « se bagarrer » (surtout, mais pas exclusivement avec les garçons).

Éloge de la bagarre

La bagarre est le lieu où se vivent d'une manière ludique plusieurs choses à la fois.

– Une proximité physique qui peut aller jusqu'aux bosses.
– Une complicité car la maman est à l'écart et joue son

rôle avec des remarques : « Ils sont fous », « Ils vont se faire mal », « Les hommes sont des grands enfants », « Attention à la télé »…

– Une valeur éducative : se frotter au père, c'est se confronter ; c'est aussi éprouver la résistance. En principe, ce n'est pas mou, parfois même, ça fait un peu mal. Mais c'est une force qui sécurise. De plus, cela donne envie de grandir pour être un jour le plus fort !

Malgré les peurs engendrées par les cas de pédophilie, il ne faut pas craindre de manifester l'amour paternel dans des gestes physiques de tendresse.

Témoignage sur la tendresse paternelle vue par une femme (la mienne !)

À quoi « sert » un mari pendant un accouchement ?

À prier dans un coin de la chambre pendant que l'épouse essaie de ne pas crier : présence rassurante, paisible…
À tenir sa main quand c'est dur ! La chaleur de son amour passe par ce geste de tendresse…
À lui glisser de petits mots d'encouragement (à défaut de pouvoir être plus efficient devant la souffrance de sa bien-aimée !). Pas trop de paroles car l'épouse risque bien de l'envoyer « balader » !
À attendre patiemment à ses côtés, jusqu'au moment où la naissance est proche : alors, il la suit dans la salle d'accouchement, revêt l'accoutrement en papier, même la « charlotte » sur la tête, touchant dans son impuissance emballée de blanc froufroutant, et il « pousse », en même temps que son aimée, l'accompagnant de regards plein d'espérance…
Et lorsque le petitou apparaît, petit paquet tout chaud et hurlant, le papa émerveillé serre ce nouveau petit d'homme comme une porcelaine fragile, infiniment précieuse, avant de

le déposer sur le cœur de la maman, son amour enveloppant, d'un même regard mouillé, mère et enfant !

À quoi sert un mari pendant que l'épouse est avec le nouveau-né à la clinique ?

À « garder » les autres (en l'occurrence, chez nous, au moment de la naissance de petit Sam, un trio de fillettes), après avoir posé des congés pour la naissance de ce quatrième. Mais il y avait un deal entre nous : « Je reste avec les filles, mais tu me laisses faire ! » (= tu ne te mêles pas de ma gestion !!). Bon, okay, j'avais compris : de toute façon, avec ce quatrième enfant en six ans, j'avais besoin de repos… J'avais bien essayé de donner quelques consignes, mais mollement au vu de la tête de mon cher et tendre : il voulait que je lui fasse entièrement confiance ! Allez, à Dieu vat…
Le lendemain de l'accouchement, j'ai vu arriver mon trio de fillettes, habillées de mignonnes petites robes blanches (aïe !), la petite portant celle d'une grande sœur !! (Mais je ne dis rien : le deal !) Les cheveux bien coiffés (des couettes et des tresses… originales, pour ne pas dire autre chose !), hilares, les bras chargés de fleurs et de dessins pour le « ti frère », sautant sur mon lit : « Maman, papa nous a fait des frites et des bananes au chocolat, c'est trop bon ! » Là encore, je ne dis rien (les légumes et les fruits, ce sera pour après !) Cependant, l'aînée de six ans, me connaissant et voulant sans doute inconsciemment me rassurer, regardant son papa du coin de l'œil, affirme de sa petite voix claire : « Mais on va faire de la soupe avec papa, hein papa ? » Trop choux, mes petites poulettes, et trop chou, mon grand dadais de mari ! En contemplant les frimousses de mes petites, je me dis qu'elles reçoivent l'essentiel de la part de leur papa : affection, attention et imprévus, tout ce dont les enfants ont besoin… Je suis fière de mon époux et je le lui dis : il en est heureux, confirmé dans son rôle de père et affermi par la confiance de son épouse.

À quoi sert un papa, lorsqu'il s'occupe de ses enfants ?

Il peut devenir « papa-loup » et trimballer, à quatre pattes, petit Samuel de quelques mois, en le tenant entre ses dents par son babygros, l'enfant se balançant en gloussant de bonheur… La maman, regardant avec un peu d'appréhension le bébé suspendu et le nouveau babygros, se demandant lequel lâchera en premier… puis, le bébé déposé, en sécurité, le trio de petites sauterelles hurlant : « À moi, papa, à nous !!! » Et papa-loup se transforme en papa-ours, toujours à quatre pattes, portant sur son dos solide ses trois petites, grognant pour faire « un 'tit peu peur », et se promenant dans tout l'appartement, à la grande joie de tous…

Il peut s'occuper du bain !! Alors là, c'est le Titanic : il y a autant d'eau au-dehors qu'au-dedans, parce qu'il faut des vagues, comme en Bretagne (mon mari est Breton !). Ben voyons ! Et puis, avec papa, le shampooing dans les yeux, et ben, ça pique pas : « C'est papa qui l'a dit ! » On se demande pourquoi, avec maman, la moindre petite gouttelette entraîne des hurlements de détresse avec des bouches au carré… En tout état de cause, les visages brillent comme un sou neuf, les pyjamas et chemises de nuit sont enfilés (certains à l'envers, mais on ne dira rien.), les chaussons, les peignoirs… tout y est… avec, quand même, le champ de bataille, pire que celui de Waterloo, dans la salle de bains !!! Mais on ne dira rien, encore : les bains sont donnés, ouf !

Et maintenant, c'est l'heure de *l'histoire* !! Que du bonheur, pour les petites. Même le petit frère écoute, lové dans les bras de maman : un papa, ça sert à ça aussi, à raconter des histoires merveilleuses, souvent tirées de la Bible : les yeux brillant, les enfants écoutent très attentivement et ensuite, c'est le temps des questions/réponses, du papa ou des enfants : ben oui, il faut quand même un peu de « pédagogique »… Et ce temps de questions/réponses permet aux enfants de s'approprier le ou les sens de l'histoire lue… Après, avec papa, on peut aussi mimer la parole, jouer les personnages : les tabliers de cuisine deviennent des tuniques, les foulards de maman des voiles, les cuillères en bois des épées ! Et on crie, on chante, on donne des répliques ! Le roi David, c'est la plus petite, trois ans !!! Et elle tient tête à celle du milieu, quatre ans : « Ze va te envoyer un gros caillou !! tu auras morté ! » Alors, celle du milieu se met à hurler : « Papa, elle veut me morter ! » Là encore, papa fait son office de papa : il explique, console l'éplorée, essuie les larmes et calme le jeu, qui a un peu dégénéré, il faut bien le dire (ce qui est une spécialité dudit papa qui fait tout avec passion !! un papa, pas un demi-papa !!).

Un papa « fait la bagarre » pour jouer, avec les enfants plus grands, invente des épreuves physiques pendant le trajet à pied à l'école, transformant une corvée en un terrain de jeu, tel que celui des « plaques magiques » (utiliser certains pavés et plaques d'égouts, et pas d'autres qui sont des pièges, etc.).

Un papa stimule ses enfants, les pousse à apprendre à tenir sur un vélo sans pleurer, à escalader des rochers, à shooter dans le ballon…

Un papa regarde des films avec ses enfants : « C'est pour te rendre service, chérie ! » Une présence pédagogique indispensable. Oui ?

Un papa partage la passion des matchs de foot avec ses enfants, surtout ses deux fils : le jour J, il se tient prêt à remplir son « devoir » de papa… « J'aurais préféré faire autre chose, mais c'est tellement important pour eux ! » Non mais, qui veut-il tromper ?

Je me souviens d'un exemple encore, qui m'a frappée : un soir, à la prière, nous en étions au pardon et il y avait eu un peu d'agitation entre les trois filles aînées durant l'après-midi. Mon mari, désirant ouvrir le cœur des petites, leur parle du sacrement du pardon et leur dit qu'elles peuvent, avec nous, voir un prêtre, pour recevoir le pardon de Jésus : « Mais comment on va parler au prêtre, on se souviendra plus et on peut pas écrire pace que on sait pas écrire encore ? » Oui, il y avait là une vraie difficulté. Mais papa a plus d'un tour dans son sac de papa : « Eh bien, vous pourriez faire un dessin. » « Oh oui, ça c'est bien ! » Et voilà nos trois « choupinettes » s'appliquant en tirant la langue (ça aide !) à dessiner leurs manquements d'enfants : un visage crachant du feu pour une vilaine parole, une grosse main rouge pour une claque, etc. Et nanties de leurs dessins, elles ont rencontré un prêtre (autre figure de papa) qui a eu la bonne idée de bien les accueillir, sérieusement (tout en « craquant » intérieurement), et leur a posé une question : « Maintenant que les péchés sont effacés, qu'est-ce qu'on en fait ? » Puis, devant l'air dubitatif des enfants : « Mes petites, on va les brûler ensemble, comme cela, ils auront disparu, parce que Jésus vous a pardonné, d'accord ? » Trois hochements de tête. Et avec un visage très grave, serrant la main de papa et de maman, les enfants ont contemplé la fumée de leurs « dessins-péchés », comprenant que quelque chose d'important était en train de se passer. « Merci, papa, pour cette bonne idée, on a bien compris ! »

Enfin, juste pour le plaisir des mots d'enfants : nous avions couché les deux plus grandes et elles chahutaient un peu. Mon époux prend alors sa grosse voix : « Ça suffit, les filles ! Si vous continuez, papa ou maman va venir ! » Silence. Puis on entend une petite voix : « Heu, on préfèrerait maman ! »…. Nous pouffions de rire derrière la porte, les filles s'étaient dit : « Tiens, pour une fois, on nous laisse le choix !! »

Parce que, un papa, ça gronde aussi un peu parfois quand on fait des bêtises ! Et on obéit à papa (à maman, des fois non : on arrive toujours à la faire rire !). Mais un papa, c'est formidable, c'est encore beaucoup plus que tout cela : on tient dans ses bras, on est bien, en sécurité, et puis, un jour, il nous aide à nous élancer au-dehors du nid, dans la vie… Et on peut devenir un homme ou une femme « debout », sûrs d'être aimés (lorsqu'on a eu un bon papa, bien sûr). Merci à mon époux que j'aime, un bon père pour nos enfants, merci, Seigneur, pour ce cadeau que tu m'as confié…

Exercice à faire en couple

– Dans quelle typologie je place mon propre père ?

– Dans quelle typologie de père je me reconnais ? Il peut y avoir des mixtes.

– Qu'en pense mon épouse ?

– En tant que père, est-ce que j'exprime ma tendresse ? Comment ? S'il y a des blocages, quelles peuvent en être les raisons ? Quels moyens mettre en place pour « oser la tendresse » ?

– Que suscite en moi la lecture de ce chapitre ? Quelles confirmations ? Quelles interpellations ? Quelles pistes à envisager ?

III. Prière

Préparation à la prière

Entrons dans l'action de grâces pour avoir connu cette tendresse paternelle.

Remettons au Seigneur les blessures occasionnées par le manque de tendresse, de proximité, de complicité paternelle :

– *Blessure par excès :* les enfants victimes d'une tendresse malsaine, ou pire encore, d'attouchements sexuels. Les dégâts de ces comportements pervers sont considérables

– *Blessure par défaut :* les personnes qui ont été éduquées dans un climat d'amour paternel, mais qui n'a pas été signifié par des gestes et des paroles. L'individu « sait » qu'il est aimé, il le « croit », mais il n'en a pas fait l'expérience « sensible ». Quelque chose lui manque. Il pourra reproduire le comportement paternel en étant extrêmement pudique dans l'expression des sentiments, en les refoulant derrière une attitude distante ou « coincée ».

Il pourra au contraire rechercher de façon exagérée la tendresse physique au risque de troubler l'entourage. Cela provoque bien des malentendus douloureux dans le comportement de jeunes hommes ou femmes cherchant la tendresse, ce qui est interprété comme une avance sexuelle.

Prions

Voir page 67.

Chapitre 8

Le père est promesse

I. Dans la Parole de Dieu

1. Dans l'Ancien Testament : la Promesse

Le Dieu de la Bible est un Dieu qui promet. Le thème de la promesse constitue un fil conducteur de toute l'Histoire sainte, de l'époque des patriarches à la mission de Jésus.

Faisons ensemble un rapide parcours biblique sur ce thème :

– **La promesse faite à Abraham** : Dieu lui fait une double promesse, il recevra une postérité et une terre.

> *« Le Seigneur apparut à Abram et dit : "C'est à ta postérité que je donnerai ce pays". »* (Gn 12, 7)

C'est une bonne nouvelle pour un homme dont la femme est stérile et qui est un éleveur nomade, sans patrie.

L'homme bénéficiaire de la promesse ne l'attend pas passivement ; il lui arrive bien des aventures avant qu'un début de réalisation n'apparaisse avec la naissance d'Isaac (Gn 21) et l'acquisition d'un terrain en terre de Canaan (Gn 23).

Les traditions juives et chrétiennes méditeront sur les dispositions du cœur du patriarche : les vertus de foi, car il a fait confiance au Dieu de la promesse, et d'obéissance, car il s'est mis en route et a subi courageusement bien des épreuves pour « entrer dans la promesse ». Les caractères de cette théologie de la promesse se retrouvent à chacune des grandes étapes de l'histoire du salut.

– **La promesse faite à Moïse** :

Le Seigneur dit : « J'ai vu, j'ai vu la misère de mon peuple qui est en Égypte. J'ai entendu son cri devant ses oppresseurs ; oui, je connais ses angoisses. Je suis descendu pour le délivrer de la main des Égyptiens et le faire monter de cette terre vers une terre plantureuse et vaste, vers une terre qui ruisselle de lait et de miel... Maintenant, va, je t'envoie auprès de Pharaon, fais sortir d'Égypte mon peuple, les Israélites. » (Ex 3, 7-10)

Nous reconnaissons les quatre éléments essentiels de la promesse divine :

1. Elle ouvre un avenir dans une situation sans issue à vue humaine ;

2. Elle est une bonne nouvelle : la libération ;

3. Elle nécessite la foi : il faut croire en cette parole de Dieu qui est en contradiction avec la situation présente. Le peuple oscille entre confiance et incrédulité.

– **Foi** : *« Le peuple crut »* (Ex 4, 31) ;

– **Incrédulité** : *« Ils n'écoutèrent pas Moïse car ils étaient à bout de souffle à cause de leur dure servitude »* (Ex 6, 9) ;

4. Elle exige la collaboration du peuple de Dieu : poser des actes concrets pour entrer dans le projet de Dieu.

– **La promesse faite à Josué** :

« Maintenant, debout ! Passe le Jourdain que voici, toi et tout ce peuple, vers le pays que je leur donne (aux Israélites). »
« Je serai avec toi comme j'ai été avec Moïse, je ne t'abandonnerai point ni ne te délaisserai. Sois fort et tiens bon, car c'est toi qui vas mettre ce peuple en possession du pays que j'ai juré à ses pères de lui donner. » (Jos 1, 1-6)

– **La promesse faite à David** : elle ajoute un élément nouveau. Dieu annonce qu'il s'engage à ce que la descendance de David continue de régner sur son peuple : le roi-messie sera toujours un *« fils de David »* :

« Je maintiendrai après toi le lignage issu de tes entrailles et j'affermirai sa royauté. [...] *Ta maison et ta royauté subsisteront à jamais devant moi, ton trône sera affermi à jamais. »* (2 S 7, 12 et 16)

– **La promesse d'une alliance nouvelle**, lorsque le peuple est en exil à Babylone.

« Voici venir des jours – oracle du Seigneur – où je conclurai avec la maison d'Israël (et la maison de Juda) une alliance nouvelle. Mais voici l'alliance que je conclurai avec la maison d'Israël après ces jours-là, oracle du Seigneur. Je mettrai ma Loi au fond de leur être et je l'écrirai sur leur cœur. Alors je serai leur Dieu et eux seront mon peuple. » (Jr 31, 31-33)

– **La promesse de la venue du Messie** :
Il sera un grand *prophète* comme Moïse.

« Le Seigneur ton Dieu suscitera pour toi, du milieu de toi, parmi tes frères, un prophète comme moi, que vous écouterez. » (Dt 18, 15)

Il sera un grand *roi*, rempli de l'Esprit Saint (Is 11, 1-3).

Il sera comme un *grand prêtre* qui offre le sacrifice et intercède pour le peuple (Is 53, 4-5 et 10-11).

Il sera le *fils de l'homme*, être céleste investi par Dieu (Dn 7, 13-14).

Au-delà du contenu des promesses, Dieu répète sans cesse à son peuple qu'il lui ouvre un avenir heureux. Il est le Dieu de l'espérance (Is 65, 17-18).

Dans toutes les périodes de ténèbres et de tristesse, Dieu annonce un nouveau printemps.

> « *Mon bien-aimé parle et me dit : Lève-toi, mon amie, ma belle, et viens !*
> *Car voici, l'hiver est passé ; la pluie a cessé, elle s'en est allée.*
> *Les fleurs paraissent sur la terre, le temps de chanter est arrivé, et la voix de la tourterelle se fait entendre dans nos campagnes.*
> *Le figuier embaume ses fruits, et les vignes en fleur exhalent leur parfum.*
> *Lève-toi, mon amie, ma belle, et viens !* » (Ct 2, 10-13.)

Le Père répète cette promesse de bonheur dans toutes les parties de la Bible : la Loi, les Prophètes, les Psaumes, les écrits de sagesse. Il dit : « Je veux ton bonheur. Tu es fait pour le bonheur. Il faut y croire ! »

2. Dans la mission de Jésus

Jésus accomplit toutes les promesses de l'Ancien Testament. Il se présente comme prêtre, prophète, roi, fils de l'homme.

> « *Et commençant par Moïse et parcourant tous les prophètes, Il leur interpréta dans toutes les Écritures ce qui le concernait.* » (Lc 24, 27)

Les promesses qu'Il fait aux hommes sont d'un autre ordre.

« Vous donc, vous serez parfaits comme votre Père céleste est parfait. » (Mt 5, 48)

Jésus, qui est le Fils de Dieu par nature, veut que nous devenions fils et filles du Père par adoption. C'est en étant enfants du Père que nous pouvons lui ressembler et devenir « parfait » ou « saint ».

Pierre dira : *« afin que vous deveniez ainsi participants de la nature divine »* (2 P 1, 4).

La promesse est immense, au-dessus des forces humaines : devenir comme Dieu, ressembler à Dieu !

En Jésus, ces thèmes de l'espérance, du modèle à imiter, de la victoire, s'accomplissent. Nous le voyons dans le discours des Béatitudes (Mt 5, 3-12).

Dans ces paroles, Jésus annonce :

– une bonne nouvelle, promesse de bonheur : ce sont les béatitudes « Heureux » ;

– un modèle à imiter (pauvre en esprit, doux, miséricordieux, artisan de paix). C'est le portrait même de Jésus qui nous est présenté ;

– une conquête difficile : *« Quand on vous insultera, persécutera… »* ;

– une victoire assurée : *« Votre récompense sera grande dans les cieux… »* : la vie éternelle.

En Jésus, le Fils, nous retrouvons les caractères du Père :

– il veut partager tout ce qu'Il est sans rien vouloir garder pour lui,

– il veut que ses disciples et amis l'imitent, reproduisent ce qu'Il fait :

« Celui qui croit en moi fera, lui aussi, les œuvres que je fais, et il en fera même de plus grandes. » (Jn 14, 12)

Pour cela, il faudra encore une autre promesse, celle de l'Esprit Saint.

C'est l'Esprit Saint qui réalisera cette œuvre d'imitation. Nous le voyons à l'œuvre après la Pentecôte dans les Actes des Apôtres. Dans ce livre, les disciples font l'œuvre du maître ; ils reproduisent la vie même de Jésus.

L'œuvre d'imitation est possible parce que l'Esprit Saint donne la mémoire fidèle des paroles et des gestes de Jésus.

« L'Esprit Saint... Lui, vous enseignera tout et vous rappellera tout ce que je vous ai dit. » (Jn 14, 26)

3. La mémoire et la promesse

Si le peuple d'Israël est le peuple de la promesse, il est aussi celui de la mémoire du passé. Les deux thèmes vont ensemble. Un arbre, pour s'élever vers le ciel et déployer ses branches, doit avoir de bonnes racines.

Deux genres littéraires sont omniprésents dans l'Écriture Sainte pour aider l'homme à avoir conscience de ses racines.

a. Les généalogies

Les grandes figures bibliques sont présentées dans une généalogie qui les inscrit dans l'histoire du peuple de Dieu : Abraham (Gn 11, 27-30) ; Moïse et Aaron (Ex 6, 14-25) ; David (Ruth 4, 18.22) ; Esdras (Esd 7, 1-5), etc.).

La Parole de Dieu veut simplement nous dire que l'enracinement dans une histoire est essentiel pour situer une personne : la mission d'un homme de Dieu est tournée vers l'avenir, mais elle ne se comprend que par rapport à son inscription dans le passé. Les évangélistes Matthieu et Luc procèderont de cette manière pour présenter la personne et la mission de Jésus avec les généalogies (Mt 1 et Lc 3, 23-38).

b. La relecture interprétative du passé

Le peuple de Dieu fait sans cesse mémoire des mystères joyeux et douloureux de son histoire sainte :

– Pour rendre grâce des bienfaits de Dieu (Ps 136) ;

– Pour demander pardon de ses fautes (Dn 3, 26-45) ;

– Pour se préparer au renouvellement de l'Alliance (Jos 24) ;

– Pour donner sens aux épreuves (Ez 16 et 20).

Les deux thèmes de la promesse et de la mémoire sont donnés ensemble par le Saint-Esprit afin que l'homme évite les tentations liées à une mauvaise perception de l'Histoire.

– Tentation de s'enfermer dans un passé idéalisé et de refuser tout changement par fidélité pour les lois et coutumes d'autrefois (conservatisme, traditionalisme) ;

– Tentation de déconsidérer le passé, soit en le niant (« amnésie historique »), soit en le dénigrant (« mépris des générations précédentes » et complexe de supériorité).

Pour affronter les enjeux présents et se projeter avec confiance vers l'avenir, Dieu donne et redonne l'assurance de la victoire. Il est le Dieu de l'espérance qui encourage l'homme et lui donne de dépasser ses peurs. Il arme son peuple et le prépare au combat. Pour cela, il lui demande de s'appuyer sur la mémoire des bienfaits de Dieu dans l'Histoire. Et lui redit sans cesse : « Souviens-toi de tel événement… Ce que j'ai fait hier pour donner la victoire, je le referai avec toi. Souviens-toi et crois que tu es victorieux. »

– *Dans la tradition juive*, la fonction paternelle enracine l'individu dans l'histoire.

> « *Nos pères nous ont raconté l'œuvre que tu fis de leurs jours, aux jours d'autrefois, et par ta main.* » (Ps 44, 2)

Chaque année, lors de la fête de la Pâque, le fils pose des questions à son père sur la signification des coutumes du repas familial. Et le père qui officie répond en rappelant les merveilles de Dieu racontées dans le livre de l'Exode. Il transmet ainsi la mémoire d'Israël. Ce lien entre la fonction paternelle et le souvenir du passé va être d'autant plus souligné que c'est la même racine historique *zachar* qui est utilisée pour signifier l'homme-masculin et l'acte de faire mémoire. La transmission père-enfants ou maître-disciples se fait par la parole, parole de Dieu (Tora) et parole paternelle (la Tradition).

– *La tradition chrétienne* va apporter un élément nouveau en étant attentive à la figure de la Vierge Marie comme icône de l'Église.

> « *Sa mère gardait fidèlement tous ces événements en son cœur.* » (Lc 2, 50)

Le pape Jean-Paul II médite cet aspect :

> « Cette mémoire maternelle de Marie est particulièrement importante pour l'identité divine et humaine de l'Église […]. La mémoire de l'Église est aussi une mémoire maternelle […] ; s'il en est ainsi, c'est aussi parce que Marie est une femme. À bien y regarder, **la mémoire appartient au mystère de la femme plus qu'à celui de l'homme**. C'est vrai dans l'histoire

des familles, dans l'histoire des descendances et des nations, et il en va de même dans l'histoire de l'Église. »
(*Mémoire et identité*, Jean-Paul II, Flammarion, p. 175-179)

Aussi, l'aspect de l'enracinement dans l'Histoire nous semble être porté aussi bien par la fonction maternelle que paternelle. Les deux sont nécessaires, mais le contexte actuel de fragilisation de la figure du père peut avoir des conséquences négatives pour l'inscription de l'enfant dans l'histoire.

« *Un enfant sans père est privé de bien des choses.* Quand le père s'en est allé de la culture et de la société, la loi fait défaut, on oublie son origine et son histoire, le langage devient confus et la culture s'altère [...].
C'est la mission des parents et du "père" en premier lieu que de rendre possible à l'enfant la découverte de sa place exacte dans l'arbre généalogique et dans l'histoire. Quand le "père" ne trouve pas son rôle – ni, du fait même, la mère le sien –, le risque existe que les trois restent des enfants. »
(*Le Père*, **Cardinal Godfried Danneels,** Service de presse Archevêché, p. 12-13)

II. Le père, promesse dans la vie sociale

1. Pas d'avenir sans passé

Barak Obama est entré dans l'Histoire en devenant le premier Président noir des États-Unis. Lors de la campagne électorale pour son premier mandat en 2009, il a su réveiller dans le cœur des foules toutes les harmoniques du « rêve américain ». Au-delà des confrontations politiciennes coutumières, il a surpris les observateurs en sortant souvent du cadre habituel des débats sur le social, l'économique, le diplomatique… Il a fait passer les électeurs de la gestion à la vision : son objectif principal était de redonner confiance à ses concitoyens, de les faire croire en eux, en l'Amérique éternelle, en l'avenir. Ce message a fait vibrer les foules et a suscité l'enthousiasme, une vague « d'Obamania » en Amérique du Nord et dans le monde.

Les références aux mythes fondateurs du pays, à son histoire glorieuse, émaillaient tous ses discours et se révélaient très efficaces en termes de communication et de gains électoraux.

Obama a su projeter son pays dans un rêve **d'avenir** en se présentant comme le dépositaire et le garant des grandes figures du **passé**.

C'est aussi parce que, dans son histoire personnelle, il a dû faire face à une grande souffrance. Il le raconte dans un livre autobiographique, bien avant d'envisager la plus haute fonction politique. Le titre de son ouvrage est très évocateur : *Les rêves de mon père.*

Obama est né de l'union d'une femme blanche américaine et d'un homme africain originaire du Kenya. Il n'a pas connu son père qui est parti lorsqu'il avait deux ans. Sa souffrance n'était pas seulement affective, elle était identitaire. Il se sentait comme un arbre sans racines.

Pourtant, il semblait avoir réussi sa vie en devenant un avocat important et un responsable politique influent à Chicago. Quand il apprend la mort de son père – qu'il n'a pas connu –, il va se lancer dans une véritable aventure intérieure. Il veut chercher ses racines et le sens à donner à son histoire. « Je me dis qu'il fallait que je parte à sa recherche et que je parle avec lui. » (p. 186)

Cette quête identitaire le conduira au Kenya. Après une enquête auprès de tous ses proches, le voici devant la tombe de son père et de son grand-père, lieu de ses racines. Enfin, il va vivre une réconciliation avec lui-même.

> « Je me jetais par terre et caressai le carrelage tendre et jaune. Oh, père, dis-je en pleurant, tu n'avais pas à avoir honte de ta confusion, ni ton père avant toi [...].
> C'est le silence qui a tué votre foi. Et par manque de foi, vous vous êtes tous deux accrochés à votre passé, à la fois trop et trop peu... Malgré tous vos dons – votre vivacité d'esprit, votre pouvoir de concentration, votre charme –, en abandonnant tout cela, vous n'avez jamais réussi à vous forger pour devenir des hommes complets...
> Pendant un long moment, je restai assis entre les deux tombes et je pleurai. Quand mes larmes se furent taries, je sentis le calme prendre possession de moi. Je sentis le cercle de famille se refermer enfin. Je compris que ce que j'étais, ce qui m'importait, n'était plus une simple question d'intellect ou de devoir moral, n'était plus une construction verbale. Je vis que ma vie en Amérique – la vie chez les Noirs, la vie chez les Blancs, le sentiment d'abandon que j'avais ressenti quand j'étais enfant, la frustration et l'espoir dont j'avais été témoin à Chicago –, tout cela était relié à ce petit morceau de terre, au-delà de l'océan, mais par une chose plus importante que le hasard qui m'avait donné mon nom ou que la couleur de ma peau. La douleur que je ressentais était celle de mon père. Mes questions étaient celles de mes frères. Leur lutte, mon droit acquis à la naissance. »
>
> (*Les rêves de mon père*, Points, 1995, p. 554-555)

La connaissance et la réconciliation avec son passé vont l'aider à construire son avenir. Son engagement politique va prendre une nouvelle dimension. Cela lui permettra de s'enraciner dans l'histoire de son pays... et de lui promettre un avenir meilleur.

Jean-Paul II restera dans l'histoire comme « le pape qui fit chuter Lénine » (selon le titre d'un livre), c'est-à-dire qu'il eut un rôle déterminant dans la chute du communisme en Pologne et ailleurs. En 1964, au moment de désigner un nouvel archevêque pour Cracovie, le gouvernement a écarté six noms avant d'accepter Karol Wojtyla. Ce fut pour eux une très grosse erreur : le régime pensait qu'il serait plus accommodant que le cardinal Wyszinski, figure de proue de l'opposition aux communistes. En effet, le nouvel archevêque semblait peu impliqué dans une critique systématique du gouvernement. On connaissait son intérêt pour le théâtre et la poésie, et cela était jugé inoffensif.

Dans l'Antiquité, les soldats romains faisant le siège d'une ville fortifiée agissaient de deux manières : la première plus visible, consistait à essayer d'attaquer en passant au-dessus des murailles. Tactique la plus courante.

Une autre, quand les conditions le permettaient, était tout simplement de saper les fondations des murs protecteurs. Si ceux-ci s'effondraient, ils laissaient une brèche qui devenait une porte ouverte pour les assaillants.

Ce fut la stratégie de Karol Wojtyla. La propagande du pouvoir ne parlait que de la Nouvelle Pologne, communiste depuis 1948. Tout ce qui se situait avant était occulté ou discrédité comme étant une « période obscurantiste ». Et David lutta contre Goliath avec les armes de la culture. Karol, passionné de théâtre et de poésie, parlait continuellement de la Pologne « d'avant », de son histoire, de ses héros, des chefs-d'œuvre de la littérature.

Si, dans l'Église catholique, il existait un calendrier liturgique avec ses fêtes, l'évêque de Cracovie avait en plus son calendrier culturel. Il ne cessait de proposer des anniversaires d'événements historiques de l'histoire de la Pologne ou de la chrétienté slave. Tout était sujet de commémoration. Le peuple comprit le message ; les travailleurs comme les intellectuels fortifiaient leur identité nationale. La propagande communiste n'avait aucune prise sur cela car il n'y avait pas d'attaque directe contre le régime. Mais les fondations de la muraille étaient sapées méthodiquement par ce recours à l'histoire et à la culture. Et les murs de Jéricho ou plutôt de Berlin s'écroulèrent… « *Christus vincit* ! »

Pour Karol Wojtyla, ce ne fut pas un choix tactique visant l'efficacité, mais bien autre chose, une manière d'être, de vivre, de penser. Le Pape, dans ses voyages pastoraux comme dans sa réflexion théologique, continuait à méditer sur l'histoire et la culture des peuples, des continents, de l'Église et cela jusqu'à la fin de sa vie. (Cf. l'ouvrage de Jean-Paul II : *Mémoire et identité* en 2005).

Pour entrer dans le troisième millénaire et projeter l'Église vers l'avenir (*Duc in altum*, « Église, prends le large ! »), il commença par faire un travail de mémoire. Les actions de grâces et les demandes de pardon pour les péchés qui ont terni l'Église dans le passé étaient reliées à un projet d'avenir :

> « Nous avons le devoir de nous projeter vers l'avenir qui nous attend… Nous avons regardé vers le nouveau millénaire qui s'ouvre, vivant le jubilé non seulement comme **mémoire du passé**, mais aussi comme **prophétie d'avenir**. *Duc in altum* ! Cette parole résonne aujourd'hui pour nous et elle nous invite à faire mémoire avec gratitude du passé, à vivre avec passion le présent, à nous ouvrir avec confiance à l'avenir. »
>
> (*Novo millennio ineunte*, Doc. Catholique, 21 janvier 2001)

L'homme qui connaît son histoire et plonge ses racines dans son passé pourra s'engager avec confiance vers l'avenir. C'est vrai pour un individu, un peuple, l'Église.

Pour prendre une image : en athlétisme, les compétiteurs doivent sauter haut ou loin selon les disciplines. Pour cela, ils doivent s'éloigner temporairement de l'aire de saut et prendre une course d'élan. Le recul est nécessaire pour se projeter vers le haut ou l'avant. Si la course d'élan est ratée, le saut le sera aussi. Pas de projection vers l'avenir sans retour sur le passé.

Les grands hommes, aux fondements de la construction européenne, après la Seconde Guerre mondiale, avaient le sens de l'histoire et de la culture.

Robert Schuman en France, Konrad Adenauer en Allemagne, Alcide de Gasperi en Italie étaient profondément chrétiens. Par leur formation, ils conjuguaient aisément « tradition » et « progrès », et avaient un point commun : la fierté de leur identité nationale tout en appréciant la valeur des richesses culturelles des nations voisines.

La panne du projet européen aujourd'hui est liée à l'incapacité de penser les racines chrétiennes de l'Europe. Les circulaires européennes visant à uniformiser les dimensions des cages des poulaillers suscitent peu d'enthousiasme... même quand on aime les poulets.

Les lois iniques contre la vie, le mariage, la famille s'imposent plus facilement quand les citoyens sont amnésiques, n'ont plus la mémoire de leur histoire et de la richesse de leurs valeurs, héritées d'un patrimoine culturel. Le combat dans ce domaine n'est pas seulement politique, il est aussi culturel.

Méfions-nous de tous les régimes qui veulent « alléger » le programme d'Histoire dans les écoles : ils visent à supprimer la mémoire collective.

III. Le père, promesse dans la vie personnelle

L'enfant a besoin de la figure paternelle pour se projeter vers l'avenir. Quatre conditions sont nécessaires pour cela, que nous pouvons résumer avec « 4 A » : Autorité-Admiration-Audace-Autonomie (les deux derniers vont ensemble).

1. Autorité

Examinons ce concept en faisant jouer différents regards.

– **L'approche étymologique** est très éclairante. Le mot vient du latin *augere* qui signifie « faire croître, augmenter ». Il permet de sortir ce concept des images négatives qui lui sont associées : « pouvoir, oppression, punition, contrainte, privation de liberté, etc. » L'étymologie nous donne **la finalité** de l'autorité dans l'action éducative : celle-ci est orientée vers la croissance, l'épanouissement de la personne. Vive l'autorité !

– **L'approche biblique** : Jésus nous est présenté comme quelqu'un qui a une grande autorité. Il est sans complexe ni états d'âme à ce sujet : il parle et agit avec autorité. Cela est tellement évident que ses ennemis l'interpellent : *« Par quelle autorité fais-tu cela ? Qui t'a donné cette autorité ? »* (Mt 21, 23.)

L'épisode du lavement des pieds nous donne la réponse.

> *« Il mit de l'eau dans un bassin et il commença à laver les pieds des disciples et à les essuyer avec le linge dont il était ceint.* […] *Il leur dit : "Vous m'appelez Maître et Seigneur, et vous dites bien, car je le suis. Si donc je vous ai lavé les pieds, moi le Seigneur et Maître, vous aussi vous devez vous laver les pieds les uns les autres. Car c'est un exemple que je vous ai donné, pour que vous fassiez vous aussi, comme moi j'ai fait pour vous". »* (Jn 13, 5-13.14.15)

L'autorité de Jésus est **un service** (une diaconie) de l'homme.

L'accent mis sur l'esprit évangélique de l'autorité se retrouve souvent dans la pensée de Jean-Paul II qui parle du « ministère éducatif des parents chrétiens » et exhorte ceux-ci à « exercer leurs autorités comme un véritable “ministère” » (*Familiaris Consortio*, 1981) (le mot « ministère », traduit du grec *diakonia*, signifie service).

Ce rapprochement des termes « autorité » et « service » donne un éclairage sur le ministère pastoral des évêques et des prêtres, et sur le ministère parental. Rien d'étonnant à cela, puisque la famille est une petite « église domestique ».

Voilà qui est réconfortant pour les parents ! Leur rôle éducatif est une **mission** confiée par Dieu, soutenue par l'Église, qui s'inscrit dans leur vocation d'époux. Ils puisent dans le sacrement du mariage et dans les autres sacrements, surtout du pardon et de l'eucharistie, les grâces nécessaires pour bien accomplir leur tâche.

– **L'approche juridique** parle de « l'exercice conjoint de l'autorité parentale ». Elle est précieuse car elle s'efforce de préciser les domaines de compétence des différents « acteurs ».

– Qui détient l'autorité légitime sur l'enfant ? Les parents !

– Comment interviennent les autres acteurs (nourrice, école, séjour de vacances, associations de loisirs, etc.) ? Par délégation !

En agissant ainsi, les parents délèguent, mais ne se démettent pas de leurs responsabilités.

– Quel est le domaine de compétence des parents ? Celui-ci évolue en fonction du développement de l'enfant. Il n'est pas le même pour un enfant et un ado. Si on n'y veille pas, eux nous le rappellent !

Cette approche nous aide à plusieurs titres :

– pour protéger les parents de la tentation de la démission ou de la toute-puissance ;

– pour poser des limites claires dans la fixation des règles ;

– pour répartir les rôles du père et de la mère.

En un mot, pour sortir « du flou », toujours préjudiciable aux enfants et aux parents. Une formule nous aidera à résumer : « Prendre toute notre place et rien que notre place. »

– **L'approche éducative** en images :

Certaines métaphores reviennent souvent pour exprimer l'autorité éducative des parents et du père en particulier.

On peut les regrouper en deux familles :

– **Le support** avec les images :

– de *tuteur* (symbolisme de l'arbre) ;

– de *l'échafaudage* (symbolisme de la maison en construction) ;

– de la *colonne vertébrale* (symbolisme de la croissance corporelle de l'être humain).

Les deux premières images suggèrent plusieurs convictions :

– la proximité ;

– la bonne distance (ni trop près, ni trop éloigné) ;

– la fonction transitoire (une fois l'accompagnement terminé, l'aide extérieure s'efface) ;

– l'orientation éthique : le tuteur ou l'échafaudage aident à croître ou à construire « droit », « vers le haut », ce qui évoque les valeurs morales partagées.

– **Le guide** avec les images de l'entraîneur sportif (le coach), de l'initiateur, du « passeur ». Cela rejoint la tradition juive qui rapproche la relation père-enfant de celle du maître-disciple. Dans cette famille de représentations symboliques, est valorisée la qualité relationnelle entre l'éducateur et l'éduqué : respect mutuel, confiance réciproque, transmission de valeurs, incitation au dépassement, apprentissage de la liberté…

– **L'approche existentielle** :

Nous avons tous fait, à l'école, cette expérience : la même classe, avec les mêmes éléments, se conduit différemment d'un professeur à l'autre. Cela ne tient pas aux horaires ni à la matière enseignée, mais à la personnalité des enseignants. Certains sont respectés, d'autres chahutés. Nous pouvons en tirer deux leçons :

1. le pouvoir ne fait pas l'autorité. Les maîtres reçoivent de l'école le même pouvoir, mais ils n'ont pas la même autorité. Le pouvoir est donné par une institution : lycée, entreprise, paroisse… L'autorité est reconnue (ou non) par ceux sur qui elle s'exerce ;
2. l'autorité « naturelle » est portée par une personne qui en a plus ou moins conscience et qui influencera le groupe dans lequel elle se trouve. Du bac à sable à la maison de retraite, il y a des individus qui ont « de la présence », du « charisme », une personnalité « qui rayonne », une âme de leader.

La famille d'autrefois était une « institution respectable », donnant a priori une reconnaissance aux parents exerçant l'autorité éducative. Ce n'est plus le cas maintenant. L'autorité ne va plus de soi. Elle sera acceptée par les enfants, même de parents qui ont peu « d'autorité naturelle », si elle est jugée crédible, cohérente. Jean-Marie Petitclerc, directeur d'une structure d'accompagnement éducatif, revient souvent sur ce thème dans ses conférences : « Ce n'est pas l'autorité qui est en crise, mais plutôt la crédibilité des porteurs de l'autorité, que ce soit dans la famille, l'école ou la société. »

– **L'approche « corrective »** comporte deux volets :

– le premier concerne *le recours aux sanctions.* Au nom du bien de l'enfant, on débat parfois dans les médias sur les châtiments corporels que l'on assimile à des violences infligées à l'enfant. Dans le politiquement correct, l'enfant souffre d'un traumatisme s'il reçoit une gifle, car il est victime d'un mauvais traitement parental en oubliant que cela peut être exceptionnel et qu'il est éduqué au sein d'une famille aimante, unie et équilibrée. Mais il n'y a plus de traumatisme s'il est élevé par un couple d'homosexuels ou balloté chaque semaine entre deux parents qui se déchirent et multiplient les séductions pour capter préférentiellement l'affection de l'enfant… Faux débat affligeant.

Je vous renvoie au bon sens des punitions présentées par saint Jean Bosco (page 85).

– le second concerne *la perception psychologique du sentiment de crainte.* Celui-ci est-il nocif dans la relation éducative ?

Les Saintes Écritures peuvent nous donner un éclairage à ce sujet en distinguant la « peur » et la « crainte ».

La peur de Dieu n'est pas bonne. Elle est la réaction de l'homme pécheur face à Dieu. Adam dit à Dieu : *« J'ai eu peur… et je me suis caché. »* (Gn 3, 10) Ce sentiment est associé à la méfiance envers Dieu, la rupture dans la relation. Dans ce sens, saint Jean dira : *« L'amour parfait bannit la crainte »* (sous-entendu « des châtiments ») (1 Jn 4, 18).

La crainte, elle, est un don du Saint-Esprit (Is 11, 3) ; elle est le principe et le couronnement de la sagesse ; c'est pourquoi les livres sapientiaux (Proverbes, Sagesse) font sans cesse son éloge. La crainte éprouvée par le juste s'apparente à un infini respect pour Dieu, sa volonté, ses commandements ; elle est même un vertige devant la grandeur et la Sainteté de Dieu… C'est une crainte d'amour. Elle se manifeste par un désir de ne pas déplaire à Dieu (« l'horreur du péché »).

Comment adapter cette réflexion biblique dans le domaine éducatif ?

Xavier Lacroix cite le philosophe Paul Ricoeur :

> « La crainte demeure dans toutes les formes de l'éducation familiale, scolaire, civique, comme dans la défense sociale contre les infractions des citoyens, un moment indispensable. Le projet d'une éducation qui ferait l'économie de l'interdiction et de la punition, et donc de la crainte, est sans doute non seulement chimérique, mais néfaste. »
>
> (Paul Ricoeur, *Philosophie de la Volonté*, Tome II, Aubier, 1960)

Ce serait bien triste qu'un enfant vive dans la peur de son père ; si un tel sentiment s'installe de façon durable, on est très loin de l'amour filial ; ce serait l'échec de la relation éducative. Mais il peut exister une bonne crainte, non pas de son père en lui-même, mais de certaines de ses réactions quand l'enfant a conscience d'avoir commis une faute. (Il importe de distinguer la faute de l'erreur ou de la maladresse qui n'a rien de punissable.) Ce sera alors la crainte de décevoir son père, ou celle d'être puni.

Pourquoi s'en étonner ? Les adultes eux-mêmes, en tant qu'automobilistes, ne ralentissent-ils pas quand ils voient un gendarme ou un radar ? La crainte de l'amende ou de la perte de points sur le permis de conduire est un moyen – pas le seul – pour que diminuent les accidents mortels. La prévention routière le sait : l'angélisme n'est pas efficace.

L'autorité parentale, et particulièrement celle du père, est un acte d'amour, une vertu qui se place entre deux extrêmes : le jansénisme et l'esprit de Mai 68.

– pas d'éducation trop stricte, rigide, obsédée par les règles et les contraintes ;

– pas d'éducation « soixante-huitarde », libertaire et ultra-permissive qui, sous couvert d'exaltation de la liberté, rejette les exigences nécessaires à la construction de la personne et à la vie sociale.

2. Admiration ou « mon père, ce héros »

Ce sentiment fait partie de l'amour.

– de l'amour de l'homme pour son épouse :

Si vous avez besoin d'être convaincu, lisez l'éloge que le bien-aimé fait de sa fiancée dans le Cantique des Cantiques (Ct 4, 1-7) Cela peut même vous donner des idées, messieurs, pour vos déclarations d'amour.

– de l'amour de la femme pour son époux :

Vous prenez toujours le Cantique des Cantiques, mais au chapitre 5, 10-16. Les enfants, même s'ils se moquent de leurs parents (« Oh les amoureux ! Oh les amoureux ! »), sont rassurés par les marques d'attention, de tendresse.

Ils entrent dans le regard d'admiration du père pour sa femme, de la mère pour son mari, même s'ils ne l'expriment pas de la même manière, surtout à l'adolescence : « Papa, y kiffe trop sa meuf ! » (« Je t'ai déjà dit mille fois de ne pas parler comme ça de maman ! »)

– de l'amour admiratif des parents pour leurs enfants :

Avez-vous vu les parents aux fêtes de fin d'année ? Leur petit(e) joue dans la classe un deuxième, voire un troisième rôle dans le spectacle de l'école… et les parents extasiés sortent leurs caméras pour immortaliser la scène.

Les enfants ont besoin de ce regard d'admiration. C'est pour cela qu'ils nous poursuivent avec leurs dessins devant lesquels on pousse des cris d'enthousiasme comme si on découvrait un tableau de Chagall.

– **de l'admiration de l'enfant pour ses parents** (pour son père) :

Le père doit être un modèle d'identification.

Du côté de l'enfant, il faut pouvoir admirer la figure paternelle ou du moins certains de ses aspects. On est toujours attendri par ce désir inscrit dans le cœur de l'enfant qui trouve que son père « est le plus fort ». Au-delà du bac à sable, il y a un besoin d'admirer qui aidera l'enfant et l'adolescent à grandir dans la sécurité, le sentiment d'appartenance.

Marcel Pagnol, dans son livre autobiographique *La Gloire de mon père*, a su immortaliser avec humour l'enjeu de l'admiration de l'enfant pour son père.

– la crainte que son père ne soit pas à la hauteur de l'oncle Jules à la chasse :

« L'oncle Jules avait parlé toute la soirée en savant et en professeur, tandis que mon père, lui qui était examinateur au certificat d'études, l'avait écouté d'un air attentif, d'un air ignare, comme un élève. J'en étais honteux et humilié.
Le lendemain matin, pendant que ma mère versait du café dans mon lait, je lui fis part de mes sentiments. [...] "Tu n'as pas vu comment l'oncle Jules lui parle ? C'est toujours lui qui commande et qui parle tout le temps !
– C'est justement pour lui apprendre, et il le fait par amitié.
– Moi, je vois bien qu'il est rudement content d'être plus fort que papa. Et ça ne me plaît pas du tout. Papa le gagne toujours, aux boules comme aux dames. Et là, je suis sûr qu'il va perdre. Je trouve que c'est bête de jouer à des jeux qu'on ne sait pas.

– Mais, gros bêta, la chasse, ce n'est pas un concours ! C'est une promenade avec un fusil, et puisque ça l'amuse, ça lui fera beaucoup de bien. Même s'il ne tue pas de gibier.
– S'il ne tue rien, eh bien, moi, ça me dégoûtera. Oui, ça me dégoûtera. Et moi je ne l'aimerai plus."
J'étais dévoré d'inquiétude, comme le seraient les enfants de notre vénéré Président de la République, s'il leur confiait son intention de s'engager dans le Tour de France cycliste. »

– puis l'humiliation de voir son père rater le gibier devant l'oncle Jules :

« J'étais consterné par notre échec, qui prit pour moi les proportions d'une catastrophe. [...] Qu'allait-il se passer maintenant ? Allait-il réussir un coup honorable ? Lui, mon père, maître d'école, examinateur au certificat, qui tirait si bien aux boules et qui jouait souvent aux dames contre l'illustre Raphaël devant un cercle de connaisseurs, allait-il rentrer bredouille, tandis que l'oncle Jules serait tapissé de perdrix et de lièvres comme la devanture d'un magasin ? Non, non ! cela ne serait pas. »

– enfin, la fierté quand son père réussit à tirer deux bartavelles (oiseaux) :

« Alors je bondis sur la pointe d'un cap de roches, qui s'avançait au-dessus du vallon et, le corps tendu comme un arc, je criai de toutes mes forces : "Il les a tuées ! Toutes les deux ! Il les a tuées !"
Et dans mes petits poings sanglants d'où pendaient quatre ailes dorées, je haussais vers le ciel la gloire de mon père en face du soleil couchant. »
(*La Gloire de mon père*, Marcel Pagnol, Livre de Poche)

C'est très amusant de voir que deux enfants, presque à la même époque, un garçon élevé dans un climat laïc anticlérical et une fille dans un milieu très catholique, éprouvent la même admiration filiale. Jugez plutôt :

« J'adorais ces conférences politico-sociales de mon père, que j'interprétais à ma façon, et je me demandais pourquoi le Président de la République n'avait jamais pensé à l'appeler, tout au moins pendant les vacances, car il eût fait en trois semaines le bonheur de l'humanité. » (Marcel Pagnol)

« J'aimais Papa, tout en lui me causait de l'**admiration** ; quand il m'expliquait ses pensées (comme si j'avais été une grande fille), je lui disais naïvement que bien sûr, s'il disait tout cela aux grands hommes du gouvernement, ils le prendraient pour le faire Roi et qu'alors, la France serait heureuse comme elle ne l'avait jamais été. » (Sainte Thérèse de Lisieux)

Admirer n'est pas idolâtrer ou s'illusionner sur le père réel ; c'est reconnaître certaines qualités, certains dons qui suffisent à embellir toute la figure paternelle. Peu à peu, l'enfant, puis l'adolescent découvrira les défauts, les limites de son père, mais s'il n'y a rien de très grave, cela ne remettra pas en cause le regard d'admiration.

Notons à ce sujet que le rôle médiateur de la femme et de la mère est important pour orienter le regard de l'enfant. Si celui-ci est agacé par certains travers, le rappel des côtés positifs du père par la mère sera apaisant : « Il t'aime ; il est courageux ; il est droit et honnête. »

Le professeur Marcel Rufo nous rappelle qu'en général, la période d'idéalisation (nécessaire pour l'étape d'identification) est de courte durée.

« Les héros ont la vie courte…

… et les pères doivent un jour se résoudre à redevenir les hommes qu'ils n'ont jamais cessé d'être. Malheur à ceux qui ont été dupes de l'image héroïque qu'ils voyaient dans les yeux de leur enfant au point de la croire réelle. Pour eux plus encore que pour les autres, plus dure sera la chute. Car l'enfant devenu adolescent s'emploie inlassablement à faire redescendre son

héros du piédestal où il l'avait installé. Il l'attaque, le critique, lui reproche tout et son contraire, les qualités qu'il lui prêtait hier devenant autant de défauts. Du héros, il ne reste rien. Zorro n'est plus qu'un zéro.
Sale période pour les pères qui savent qu'ils seront bientôt tués symboliquement, mais période nécessaire pour l'adolescent, même si sa déception est immense. Finalement, il est plus facile de s'identifier à un homme. »
(*Chacun cherche un père*, p. 125)

Deux écueils peuvent, pour l'enfant, empêcher la nécessaire identification au père :

– *une figure absente ou insignifiante :* une chercheuse américaine, Elizabeth Moberly, a travaillé sur les facteurs pouvant entraîner une rupture de relation enfant-parent (abus, maladie, négligence, problèmes entre parents, comportement parental décevant...).

Elle étudie la réaction de l'enfant qu'elle appelle « détachement défensif ». L'enfant, déçu par un comportement qu'il ressent comme indigne de confiance, construit un mur invisible entre lui et le parent qui le fait souffrir. Le désir d'aimer et d'être aimé demeure très fort, mais il va devenir comme une rivière souterraine. Cela donnera une apparence d'indifférence dans la relation avec le parent alors que le cœur crie à l'intérieur son désir d'affection. Souvent alors, la rivière sort à la lumière « ailleurs » et se précipite sur la première personne venue.

– *une figure trop parfaite :* pourquoi certains enfants de grands personnages sont-ils en échec ? La Bible en montre quelques-uns :

– Ruben, le fils du patriarche Jacob, qui commit l'inceste (Gn 35, 22) ;

– les deux fils du prêtre Eli de Silo, qui étaient des « *vauriens* » (1 S 2, 12) ;

– les deux fils de Samuel, Yoël et Abiyya, qui étaient corrompus (1 S 8, 3) ;

– des fils de David qui collectionnaient les abominations (Amnon, Absalom et Adonias…).

Comment le fils aîné du Mahatma Gandhi, Harilàl, est-il tombé dans la déchéance ? Criblé de dettes, alcoolique, père irresponsable de quatre enfants…

Il est difficile d'entrer dans le sanctuaire des âmes et celui de la liberté humaine, mais osons une hypothèse : et si ces fils s'étaient sentis incapables de s'identifier à une figure trop parfaite ? Il est difficile d'être l'enfant d'un monument ! Chercher à l'égaler, puis à le dépasser, cela semble impossible et jette l'enfant dans le désespoir, la rébellion, la fuite.

Parfois, la solution est de s'investir dans un domaine laissé libre par son père (ou sa mère) et où il n'y a pas de compétition perdue à l'avance. Et c'est ainsi qu'un fils d'intellectuel deviendra vedette de variétés, un enfant de grand sportif fera sa carrière dans le commerce, etc.

On comprend le sens de la parole : « Un père imparfait est préférable à un père trop parfait ! » Voilà qui fait baisser la pression !

3. Audace

Du côté du père, il importe d'être convaincu que l'on a quelque chose en soi à donner, à partager. Le père qui n'a pas d'estime de soi, qui doute de ce qu'il est, ne pourra pas transmettre quelque chose, ni valeurs, ni compétences.

L'engendrement ne peut pas se produire.

En langage biblique, il faut croire que l'on est porteur d'une bonne semence pour pouvoir la donner, même si l'on sait bien que l'on porte *« ce trésor dans des vases d'argile »*.

Le père doit croire en l'avenir pour soi et pour l'autre. Un père découragé de façon continuelle, nourrissant un sentiment permanent d'échec, ne voyant aucun signe d'espoir dans sa vie ni dans celle des autres, ne pourra communiquer un désir d'aller de l'avant. Si sa vie donne l'impression que tout s'écroule autour de lui (la société, la famille, l'Église), il ne peut pas être porteur d'un message encourageant pour le devenir de son enfant. Même si les mots sont là parfois pour rassurer l'enfant, ils n'auront aucun pouvoir car le message déprimant non verbal sera le plus fort.

Yannick Bonnet rappelle que « les trois grands objectifs éducatifs à atteindre sont :
– le développement de la personnalité de l'éduqué ;
– la socialisation ;
– la transmission d'un sens de la vie, en vue du bonheur ».
(*Les neuf Fondamentaux de l'éducation*, Presses de la Renaissance, p. 33)

Le père doit aider le jeune à acquérir une estime de soi, un sentiment de valeur, une confiance en soi. Les facultés hautes de l'âme (l'intelligence et la volonté) jouent un rôle décisif dans cette action éducative : il faut que cet appel à la confiance ne soit pas une simple incantation affective, mais la conviction qu'il existe des dons, qualités, atouts réels, objectifs à faire valoir dans la personnalité de l'enfant.

Ce qui donne **confiance en soi, c'est d'être conquérant**.

« Voilà peut-être ce qu'il est le plus important de faire comprendre à celui qu'on éduque. **Devenir soi-même est une conquête, cela ne se fera pas tout seul**. Sans ce désir d'aller de l'avant, de surmonter les épreuves, d'affronter les difficultés, on n'a aucune chance de se découvrir, de se développer, de devenir ce que l'on est en germe. On ne gravit pas un sommet élevé en montagne sans avoir cet esprit de conquête et, le sommet atteint, on a vraiment le sentiment d'avoir réussi un petit exploit et la satisfaction d'avoir surmonté des difficultés : bref, on est légitimement fier d'être parvenu au but.

C'est bien cet esprit de conquête qu'il faut insuffler à nos jeunes. **La confiance en eux leur viendra d'avoir vaincu, de s'être vaincu.** »

(Yannick Bonnet, p. 86)

Dès le plus jeune âge, le papa doit être force qui encourage, invitation à aller de l'avant, incitation aux défis. Il doit encourager le combat, l'exploration, l'aventure. C'est ainsi que se développent les vertus, du mot latin *vir* qui exprime la force et la vigueur de la virilité, mais aussi celle des vertus, de la volonté orientée vers le bien.

Nous sommes maintenant dans un univers culturel quasi matriarcal dans lequel on nous donne comme modèle un monde douillet, de bien-être, de confort, de sécurité avec, en corollaire, la recherche du risque zéro dans tous les domaines…

Les deux pôles féminin et masculin ensemble permettent de conjuguer deux besoins de la nature humaine :

– le sentiment d'appartenance qui procure une sécurité ;

– le désir d'autonomie qui permet de quitter la famille tout en continuant à en faire partie.

Il nous faut sortir au plus vite de cette société ultra-maternante, « castratrice », qui veut que tout se déroule sans risques… La fonction paternelle doit mobiliser l'énergie des jeunes pour oser vivre, lutter, tenter. Les pays « émergents » ont certainement quelque chose à dire aux nations installées de la vieille

Europe, et cela dans tous domaines, même celui de l'économie. Il n'est pas normal que de jeunes Européens diplômés ayant la passion d'entreprendre se sentent obligés de quitter leur pays pour tenter l'aventure. La prise de risque, le droit à l'erreur et à l'échec font partie de ce dynamisme éducatif.

4. Autonomie

– **La mission de Jean-Baptiste** est d'être « précurseur », de *« préparer les voies de Celui qui doit venir »*. Quand arrive le Messie, quand Jésus commence sa prédication, le prophète s'efface : *« Il faut que lui grandisse et que moi je diminue. »* (Jn 3, 30) N'est-ce pas l'image de la tâche éducative ? Accomplir sa mission jusqu'au bout et se retirer à temps pour que l'autre advienne. Paradoxe de l'éducation : le père et la mère aident l'enfant à grandir et lui donnent tout ce qu'il faut pour qu'il puisse un jour se passer d'eux !

– **Un long accouchement** : éduquer vient du latin *exducere* (*ducere* = « guider », *ex* = « hors de ») que l'on peut traduire : « conduire vers la sortie, guider dehors ».

C'est un travail d'accouchement qui dure au moins une bonne vingtaine d'années : faire sortir le jeune du monde de l'enfance vers celui des adultes, de la dépendance à l'indépendance, de sa famille d'origine à une famille à venir. Comme dans les « salles de travail », on doit « pousser, pousser, pousser » pour que cela arrive.

Deux verbes sont fréquemment utilisés pour résumer l'enjeu : « grandir » et « sortir ».

Le long parcours du mollusque

Pascal Ide recourt à une analogie pour représenter le chemin de croissance vers l'autonomie.

– Les premiers animaux ont un organisme mou et cela les rend vulnérables : les mollusques sont les dignes représentants de cette catégorie.
– Puis viennent des bestioles plus évoluées disposant d'une protection extérieure : les moules et tous les coquillages.
– Un grand progrès apparaît quand la protection extérieure est incorporée à l'organisme : les homards et les crustacés.
– Enfin, la nature perfectionne son œuvre en intériorisant la protection qui devient le squelette des vertébrés.
(*Construire sa personnalité*, Pascal Ide, Le Sarment/Fayard, p. 26)

Cette parabole nous permet de résumer le projet éducatif : faire évoluer l'enfant au psychisme mou, malléable, vers un être vertébré. En d'autres termes, l'aider à avoir une colonne vertébrale pour qu'il tienne debout. Manquer de figure paternelle, c'est souvent manquer de colonne vertébrale. Traiter son ado passant des heures devant sa console de jeux de « mollusque » ou de « moule » n'est donc plus insultant (!), puisque nous avons là des expressions l'invitant à avancer dans la théorie de l'évolution.

– **Le théâtre du projet éducatif** :

Dans ce théâtre, on s'attend à voir deux acteurs : les parents et l'enfant. Mais le scénario se révèle plus complexe. Deux autres acteurs inattendus interviennent… et ce ne sont pas des rôles secondaires :

– l'enfant (et l'ado) que les parents ont été. On ne s'attendait pas à les voir puisqu'ils n'étaient pas invités, mais ils manifestent sans cesse leur présence, parfois envahissante. En effet, le comportement de l'enfant éduqué ne cesse d'éveiller les souvenirs conscients et inconscients de l'enfance des parents éducateurs. Le monde de l'enfance est un univers toujours actuel dans le psychisme de l'adulte.

Il s'agit donc d'être au clair avec notre propre histoire et d'identifier les fantômes de notre passé.

– un autre acteur de premier plan, c'est le Seigneur lui-même, qui a un dessein d'amour sur cet enfant : il est d'abord le sien ! Il se permet de rappeler aux parents de temps en temps que cet enfant ne leur appartient pas, qu'il leur est seulement confié.

– **« Quand le bâtiment va, tout va »** :

Il existe des constructions genre « cabane de jardin » ou préfabriquées qui présentent bien, mais ne sont pas très solides. Et puis, il y a les belles maisons en pierre qui traversent les siècles : « C'est du costaud ! »

Chaque jour, les psychologues, enseignants, éducateurs, médias nous convoquent au mur des lamentations éducatives. Effectivement, beaucoup de nos concitoyens ont une personnalité immature, un moi fragile, un comportement social irresponsable. Et devant ce mur, on pleure les incivilités, violences et attitudes asociales.

Dans la vie amoureuse et politique dominent le flottement, l'instabilité, le volatile, la navigation à courte vue.

Ajoutons à cela l'ambivalence de sujets se complaisant dans des rôles d'assistés et d'éternelles victimes, tout en revendiquant qu'on les traite en adultes responsables…

Je ne reviens pas sur la pertinence des analyses de Tony Anatrella : l'échec éducatif massif à l'école et dans la société est dû en grande partie à la dévalorisation du rôle des pères. Les parents auront donc à cœur, plus que jamais, de former des adultes dotés de personnalité forte, des êtres libres, responsables, « qui tiennent la route ».

– **Le facteur temps** :

La chanson le dit : « Pour faire un homme, mon Dieu que c'est long ! » Les parents le savent bien : il y a une gradualité dans l'apprentissage de l'autonomie. Cela commence très tôt. L'expression « tout seul » résume le programme :

– il prend son biberon « tout seul » ;

– mange sa purée « tout seul » ;

– se lave et s'habille « tout seul » ;

– range sa chambre « tout seul », etc.

Les nouveaux acquis sont autant de victoires qui procurent à l'enfant la confiance en lui, la fierté des progrès réalisés. Cela lui donne envie d'aller de l'avant, de faire comme les grands, et s'exprime par la revendication qui réjouit et épuise les pauvres parents : « Laisse-moi faire ! »

La vertu de prudence permet de respecter les capacités de l'enfant et de lui donner une autonomie adaptée à son âge et à sa personnalité. Il faut, comme les surfeurs avec la vague, se situer au bon endroit.

– trop d'autonomie trop tôt peut mettre l'enfant en échec et le faire douter de lui ;

– pas assez d'autonomie peut brider sa croissance et le figer dans un stade infantile ou l'obliger à transgresser pour acquérir une indépendance qu'on ne veut pas lui donner.

Il est souvent question de l'apprentissage de compétences, de « savoir-faire » de l'enfant et du jeune. L'idée est juste, mais les parents doivent viser plus haut : la finalité éducative est d'accompagner le jeune dans un « savoir-être » intégrant les valeurs morales concernant la vie, la vérité, l'amour (le domaine du Décalogue et de la loi morale naturelle).

Le rôle du père, avec le soutien de la mère, est de donner à l'enfant le désir de grandir, de l'appeler à se dépasser, à vouloir devenir grand.

L'enfant doit sentir que sa croissance personnelle fait la joie et la fierté de son père. Il doit vouloir non seulement être grand comme son père, mais, plus encore, « dépasser le père ».

Témoignage

Un jour, dans le couloir de la chambre des enfants, je remarque un petit trait de crayon à papier sur le mur, à côté d'un poster…
En allant dire bonsoir à mon gars de quatorze ans, je lui demande ce que c'est… Il me répond : « Le record à battre ! » J'avais compris. C'était la mesure de la taille du papa (1,85 m) qu'il m'avait demandée quelques jours plus tôt… Approchant de la marque, il avait hâte de franchir la limite… et de dépasser son père !
Fierté de la fille adolescente qui fait un peu de jogging avec son père (si les copains ne la voient pas) et qui réalise que cette fois-ci, pour la première fois, elle est plus rapide… et elle le fait savoir.
Ce sont des petits événements familiaux qui réjouissent le père. Ça se fête… et cela encourage le désir de grandir.
Quand j'étais jeune papa, je jouais avec mes enfants au jeu de l'ascenseur ou du « parachutiste ». Il s'agissait de jeter en l'air l'enfant, progressivement, de plus en plus haut, et de le recevoir (si possible !) dans les bras. La maman regardait, un peu inquiète, mais laissait faire. Elle essayait parfois de dire : « Arrête, tu vas lui faire peur ! » Mais, à ma grande joie, l'enfant « en redemandait ». Ce jeu typiquement paternel (car j'ai vu d'autres papas faire pareil) me semble hautement symbolique : si la maman garde son petit contre elle, l'environne de sa tendresse, « l'enveloppe » de son amour, le papa a un rôle particulier : faire sortir l'oiseau du nid, le lancer vers dehors, vers le ciel, vers la vie.
La parole paternelle accompagne le geste quand toute sa façon d'être dit : « Tu peux sortir, tu vas grandir, tu seras bien aussi dehors… »

C'est ainsi que Xavier Lacroix définit le père : « Quelqu'un qui exprime et incarne une parole d'appel. »

Le jeune adulte doit toujours évidemment respecter le commandement de Dieu d'**honorer** ses parents, mais il n'est plus soumis à l'**obéissance** à ceux-ci. La relation n'est plus la même : les parents ont maintenant pour enfants des adultes. Ils peuvent jouer un rôle de conseil, d'aide, de soutien, mais pas plus.

Si la transformation du rapport parents-enfants s'opère dans la justesse, cela procure beaucoup de joie de part et d'autre. On constate alors qu'une alchimie s'est opérée. Certaines valeurs transmises sont partagées, d'autre pas.

Dans le parcours de chaque enfant, on voit souvent :

– **la continuité** : il est toujours émouvant de voir se répéter les gestes, paroles, attitudes de la génération précédente.

La jeune maman n'est plus l'ado rebelle se révoltant contre telle coutume, mais celle qui, à son tour, la transmet à ses enfants ! La roue tourne. Quelqu'un disait avec humour : « On devient un adulte autonome quand on fait ce que l'on choisit librement de faire… même si cela fait plaisir aux parents ! »

– **l'innovation** : les jeunes adultes apportent de nouvelles manières d'être et de faire. Ils enrichissent l'héritage reçu et le reconfigurent à leur façon ; c'est un « plus » pour les enfants et pour leurs parents qui vieillissent ainsi un peu moins vite que les autres !

– **le dépassement** : quelle joie de voir l'enfant dépasser les parents dans bien des domaines !

Témoignage

Mon épouse et moi avons toujours eu à cœur les valeurs conjugales et familiales… et nous sommes maintenant dépassés par notre fille Maëlle, conseillère conjugale et familiale, responsable de son propre cabinet de conseil qui connaît beaucoup de succès…

Avant d'entrer en communauté, nous avons fait le choix que je travaille dans une association au service des personnes handicapées. Et voici notre fille Blandine, engagée jusqu'au cou dans l'action sociale pour l'insertion des Roms. Cause difficile dans le contexte actuel, mais elle se bat avec énergie pour l'amélioration de la condition de personnes exclues et méprisées par la société.
Passionnés par la Bible, mon épouse et moi sommes intéressés par la pensée juive (philosophie, théologie, littérature). Et notre fils Samuel a vécu un certain temps en Israël et en Palestine, en participant là-bas, puis en France, à une association prônant le dialogue entre Israéliens et Palestiniens. Son engagement militant nous a fait découvrir de nouvelles perspectives qui nous étaient inconnues, nous a donné un nouveau regard sur la question.
Nous savons déjà que les enfants qui suivent feront de même et c'est pour nous un sujet de joie et de fierté.

Je voudrais conclure ce chapitre avec la méditation d'un homme étonnant, qui a su parler de cette fonction éducative à trois titres, en tant que père, croyant et poète. Il s'agit bien sûr de **Charles Péguy** et de son magnifique poème : « **Le porche du mystère de la deuxième vertu** ».

« Mais on ne travaille jamais que pour les enfants.
Ce n'est point l'enfant qui va aux champs, qui laboure et qui sème et qui moissonne et qui vendange et qui taille la vigne et qui abat les arbres et qui scie le bois.
Pour l'hiver.
Pour chauffer la maison l'hiver.
Mais est-ce que le père aurait du cœur à travailler s'il n'y avait pas ses enfants ?
[...]
Ce qui est au-dessus de tout.
La bénédiction de Dieu qui est sur sa maison et sur sa race.
La grâce de Dieu qui vaut plus que tout.

Il le sait bien.
Qui est sur le pauvre et sur celui qui travaille.
Et qui élève bien ses enfants.
Il le sait bien.
Parce qu'il l'a promis.
Et qu'il est souverainement fidèle dans ses promesses.

Ses trois enfants qui grandissent tellement.
Pourvu qu'ils ne soient pas malades.
Et qui seront certainement plus grands que lui.
(Comme il en est fier dans son cœur).
Et ses deux gars seront rudement forts.
Ses deux gars le remplaceront, ses enfants tiendront sa place sur la terre.
Quand il n'y sera plus.
Sa place dans la paroisse et sa place dans la forêt.
Sa place dans l'église et sa place dans la maison.
Sa place dans le bourg et sa place dans la vigne.
Et sur la plaine et sur le coteau et dans la vallée.
Sa place dans la chrétienté.
Sa place d'homme et sa place de chrétien.
Sa place de paroissien, sa place de laboureur.
Sa place de paysan.
Sa place de père.
Sa place de Lorrain et de Français.
Car c'est des places, grand Dieu, qu'il faut qui soient tenues.
Et il faut que tout cela continue.
Quand il n'y sera plus comme à présent.
Sinon mieux.

Il pense avec tendresse à ce temps où on n'aura pas besoin de lui.
Et où ça ira tout de même.
Parce qu'il y en aura d'autres.
Qui porteront la même charge.
Et qui peut-être, et qui sans doute, la porteront mieux.

Parce que n'est-ce pas on ne peut pas être toujours.
On ne peut pas être et avoir été.
Et où tout marchera tout de même.
Ses enfants feront mieux que lui, bien sûr.
Et le monde marchera mieux.
Plus tard.
Il n'en est pas jaloux.
Au contraire [...].

Tout ce que l'on fait, on le fait pour les enfants.
Et ce sont les enfants qui font tout faire.
Tout ce que l'on fait.
Comme si ils nous prenaient par la main.
Ainsi tout ce que l'on fait, tout ce que tout le monde fait, on le fait pour la petite espérance. [...]

Heureux enfants, heureux père. Heureuse espérance. »
(*Œuvres poétiques complètes*, Charles Péguy, Pléiade, p. 540 à 553)

IV. Prière

Préparation à la prière

Action de grâce : rendons grâces à Dieu pour toutes les fois où cette fonction paternelle de promesse d'avenir a pu nous construire.

Remettons au Seigneur les blessures à ce sujet :

– La honte du père : si le père est indigne ou décevant, l'enfant que je suis n'a pas pu bénéficier de ce moteur de croissance que constitue l'admiration pour le père.

Avoir honte de son père, le mépriser, c'est aussi – même si on n'en a pas conscience sur le coup – rejeter une part de soi-même.

– Le père découragé/décourageant : si le père est comme une porte ouverte sur l'avenir, qui donne envie de la franchir pour aller plus loin, la figure paternelle dépressive ou vivant dans la nostalgie de son passé ne peut encourager l'enfant à être « de son époque » ou confiant en l'avenir.

Il peut entrer dans le regard négatif du père et s'enfermer dans une vision passéiste de la vie. C'est aussi le comportement de bien des traditionalistes de toutes les religions ou courants de pensée.

– La recherche de modèles étrangers : si l'enfant ne trouve pas de modèles dans son environnement, il peut en chercher ailleurs. Cela peut être bon et constructif, mais parfois aussi préjudiciable, si cet « ailleurs » est complètement étranger à sa culture et à son éducation.

Cela peut écarter l'enfant de son univers réel et mettre en cause son sentiment d'appartenance à sa famille, sa culture, son pays… Il se vivra alors comme un « étranger » partout, un éternel « Lucky Luke » traversant les aventures de la vie sans s'arrêter quelque part par crainte de l'enracinement dans le réel, de l'engagement qu'il soit amoureux ou social.

Prions

Voir page 67.

Chapitre 9

Le père, lieu d'un conflit nécessaire

I. Dans la parole de Dieu

Il ne faut pas confondre lutter « contre » Dieu et lutter « avec » Dieu.

Que signifie, dans la Bible, lutter *contre* Dieu ? Cela renvoie à l'attitude des pécheurs, qui se révoltent contre le Seigneur. Les psaumes évoquent cette rébellion des impies :

> *« Les rois de la terre s'insurgent,*
> *les princes conspirent contre Dieu*
> *et contre son Messie. »* (Ps 2)

Ce thème qui parcourt toute l'Histoire sainte rejoint celui du procès que les hommes font à Dieu. Il culmine dans les récits de la passion de Jésus.

Et ce procès de Dieu continue. Les témoins de l'accusation se succèdent à la barre, surtout depuis deux siècles.

Karl Marx : « J'ai la haine de tous les dieux. La religion est le soupir de la créature accablée par le sentiment d'un monde

sans cœur. Elle est l'opium du peuple. La suppression de la religion comme bonheur illusoire du peuple est l'exigence de son bonheur réel. »
Nietzsche : « Je hais le christianisme d'une haine mortelle. Le christianisme est une tendance décadente faite de tous les déchets et rebuts de tous ordres. S'il existait des dieux, comment supporterais-je de n'être pas Dieu ? Donc il n'y a pas de dieux. »
Levi Strauss : « Dieu est le bouche-trou qui comble le trou énorme qu'il y a dans notre monde, dans notre puissance d'intelligibilité. »
Sartre : « Si Dieu existe, l'homme est néant. Si l'homme existe, Dieu n'existe pas » et : « Il n'y a plus rien au ciel, ni bien, ni mal, ni personne pour me donner des ordres, car je suis un homme, Jupiter, et chaque homme doit inventer son chemin. »

Voilà quelques échantillons du combat contre Dieu.

Mais la Parole de Dieu nous montre une autre lutte, **la lutte « avec Dieu »**. Elle n'épargne pas les amis du Seigneur : Moïse, Jérémie, Job et bien d'autres. Voici le texte curieux de la célèbre lutte de Jacob avec l'Ange :

« *Cette même nuit, il se leva, prit ses deux femmes, ses deux servantes, ses onze enfants et passa le gué du Yabboq. Il les prit et leur fit passer le torrent, et il fit passer aussi tout ce qu'il possédait. Et Jacob resta seul.*
Et quelqu'un lutta avec lui jusqu'au lever de l'aurore. Voyant qu'il ne le maîtrisait pas, il le frappa à l'emboîture de la hanche, et la hanche de Jacob se démit pendant qu'il luttait avec lui. Il dit : "Lâche-moi, car l'aurore est levée", mais Jacob répondit : "Je ne te lâcherai pas, que tu ne m'aies béni." Il lui demanda : "Quel est ton nom ?" "Jacob", répondit-il. Il reprit : "On ne t'appellera plus Jacob, mais Israël, car tu as été fort contre Dieu et contre les hommes et tu l'as emporté." Jacob fit cette demande : "Révèle-moi ton nom, je te prie", mais il répondit : "Et pourquoi me demandes-tu mon nom ?" Et, là même, il le bénit.

Jacob donna à cet endroit le nom de Penuel, "car, dit-il, j'ai vu Dieu face à face et j'ai eu la vie sauvée." Au lever du soleil, il avait passé Penuel et il boitait de la hanche. » (Gn 32, 23-32)

Essayons de comprendre ce passage mystérieux. Le contexte nous est présenté quelques versets plus tôt :

« *Jacob eut grand peur et se sentit dans l'angoisse.* » (Gn 32, 8)

Pourquoi ? Parce qu'il a trompé son frère Ésaü par la ruse et l'a supplanté. Or, voici qu'il apprend que son frère arrive vers lui avec quatre cents hommes. Il craint le pire : le massacre de toute sa famille. Il est, en cette nuit, à la veille de la journée décisive de la rencontre avec Ésaü.

Comment Dieu va-t-il lui redonner courage ? On s'attendrait à des paroles de réconfort. Pas du tout. À son serviteur angoissé, Il va redonner confiance... en luttant avec lui ! Le texte dit littéralement : *« Il se poussiera avec lui »* pour exprimer la bagarre de deux hommes se roulant à terre... Cette lutte déconcertante fait partie de la pédagogie – plutôt virile – de Dieu. Cette nuit-là, le Seigneur organise un stage d'entraînement intensif au combat. Il ne veut pas faire de mal à Jacob, mais éprouver sa résistance. Il s'agit d'une expérience spirituelle paradoxale : l'homme voit Dieu, mais c'est de nuit... Il est vainqueur et il est vaincu...

Quel est le résultat de cet affrontement ?

– Jacob est **béni** par Dieu, porteur d'une bénédiction qui est l'assurance du soutien divin dans les épreuves de la vie. Quoiqu'il arrive, Dieu sera là avec lui, le protégera et lui donnera la victoire.

– Il est **transformé** : c'est le sens du changement de nom dans la Bible. Le nom, c'est le cœur profond, l'identité, la mission dont l'homme est porteur. Quand Dieu change le nom, il change le cœur, la vie. Jacob devient « Israël », ce qui se traduit par : *« Que Dieu se montre fort »* (sous-entendu « pour toi ») ou *« Celui qui l'a emporté sur Dieu »*. Un lien est établi entre la force donnée à Jacob-Israël et son énergie dans le combat nocturne.

– Il est **meurtri**, humainement diminué. On ne sort pas indemne d'un corps à corps avec Dieu ! Cette rencontre a rendu le patriarche vulnérable. Sa blessure est la marque de Dieu, son empreinte. Il boite, a perdu de sa vigueur naturelle. Jacob le supplanteur des hommes a été supplanté par Dieu.

Ce passage décrit l'expérience spirituelle vécue par les amis de Dieu.

La relation à Dieu se vit dans un affrontement. Dieu veut nous transformer et la nature humaine résiste. Nous disons à la fois *oui* et *non* à ce dessein d'Amour sur nous. L'étreinte de Dieu est toute à la fois douce et douloureuse, source de bonheur et de souffrance. Le changement que Dieu opère en moi est une métamorphose qui comble et qui fait mal.

L'homme de Dieu dans ce combat résiste et se livre, se débat et s'abandonne. Dieu l'investit comme on attaque une ville. La citadelle, une fois prise, est vaincue (du côté du vieil homme) et victorieuse (pour l'homme nouveau).

La littérature des mystiques développe ses paradoxes divins : Dieu terrasse et relève, aveugle et illumine, creuse et comble, fait mal et réjouit.

Ce récit nous révèle que **Dieu est Père**.

Dans la spiritualité du Nouvel Âge, nous avons affaire à des divinités maternelles, par exemple le culte de Gaïa, la terre mère. Ce panthéisme identifie le monde et le divin en supprimant la distinction Créateur/création. Dieu n'est pas une personne, mais un esprit universel, impersonnel, une conscience cosmique.

L'homme doit chercher l'harmonie avec cette énergie spirituelle.

Si la foi chrétienne parle de relation ou de communion entre deux êtres distincts : l'homme et Dieu, la spiritualité du Nouvel Âge est une mystique de la fusion. La parabole de la poupée de sel se fondant dans l'océan évoque le nirvana comme une dissolution de l'individu dans le « grand tout ».

La révélation chrétienne nous présente un Dieu Père, c'est-à-dire une altérité qui nous résiste. Dieu est Saint (ce qui signifie d'abord « séparé ») et il nous fait sortir de la confusion, au terme d'une confrontation.

Bienheureuse lutte avec Dieu qui fait advenir l'homme dans sa différence.

Le Dieu véritable veut faire de nous des fils et des filles, des hommes et des femmes « debout » face à Lui, capables de lui dire : *« Je ne te lâcherai pas que tu ne m'aies béni ! »*

Concluons ce passage avec ce beau commentaire de **Guerric d'Igny**, l'ami de saint Bernard, qui explique aux moines les bienfaits de la lutte avec Dieu. Une spiritualité monastique très virile !

> « Le royaume de Dieu se prend par la violence, ce sont les violents qui s'en emparent, lisons-nous dans l'Évangile [...]. En face de Dieu, le patriarche Jacob ne fut-il pas un de ces violents dont parle le Christ ?
> Lutteur intrépide, il se montra fort contre Dieu et l'emporta, comme l'atteste l'Écriture.
> Il lutta avec Dieu jusqu'au matin, il retint avec force et obstination celui qui lui demandait de le lâcher : Je ne te lâcherai pas, dit-il, que tu ne m'aies béni ! J'affirme qu'il lutta avec Dieu, car Dieu se trouvait dans l'ange avec lequel il luttait.

Salutaire violence qui extorqua la bénédiction ! Heureuse lutte où Dieu plia devant l'homme, où le vaincu fit don à son vainqueur de la grâce d'une bénédiction et l'honora d'un nom plus saint !
Qu'importe s'il a rendu boiteux son adversaire ? Préjudice corporel qu'on supporte facilement, dommage dont on se console aisément, quand il est compensé par un si grand bienfait ! […]
Pour vous, mes frères, pour vous qui avez entrepris d'enlever le ciel d'assaut et vous êtes réunis pour lutter avec l'ange chargé de garder l'arbre de vie, oui pour vous, nous vous l'affirmons, il est absolument nécessaire de lutter avec constance et ténacité. […]
Frère, ne te semble-t-il pas lutter avec l'ange ou, pour mieux dire, lutter avec Dieu lui-même, lorsque, chaque jour, il se met en travers de tes désirs les plus fougueux ?
Tu cries vers lui et il ne t'écoute pas. Tu veux t'approcher de lui et il te repousse. Tu décides quelque chose et il fait arriver le contraire. Ainsi, sur presque tous les plans, d'une main rude il te combat.
Ô Seigneur, clémence déguisée qui simules la dureté, avec quelle tendresse tu combats ceux pour qui tu combats !
Alors, frère, ne désespère pas, agis courageusement, toi qui as entrepris de lutter avec Dieu ! À vrai dire, il apprécie que tu lui fasses violence, il désire que tu l'emportes sur lui. »

(*Lire la Bible avec les Pères* I, sœur Isabelle de la Source, Médiaspaul)

II. Le père, lieu d'un conflit nécessaire

En arrivant à la fin de cet ouvrage, il est maintenant plus facile de cibler les lieux de conflit avec le père. Il y en a beaucoup ! C'est même un véritable champ de bataille. Cela ne doit pas nous troubler ou nous décourager car la plupart des conflits que nous allons évoquer sont nécessaires ; ils font partie de la vie et contribuent à la construction psychique de l'enfant. Il importe de les prendre au sérieux, mais sans dramatiser.

Voici les « nouvelles des fronts ». Il y en a huit, chacun d'entre eux peut devenir une lutte constructive, « avec » le père, ou négative, « contre » le père.

Si tout se passe bien, nous en sortirons, comme Jacob, un peu meurtris, mais surtout transformés et bénis !

1. Avec la femme, épouse et mère

Nous avons évoqué la mutation du rôle paternel durant ces dernières décennies et les différents types de père qui se présentent à nous aujourd'hui (chapitre 7). Cette évolution rapide demande un effort d'adaptation de l'homme et de la femme. Si les modèles différents de pères avaient des contours bien délimités, s'ils étaient sans variations et s'ils correspondaient à des attentes féminines stables et claires, il n'y aurait pas trop de problèmes. Il suffirait de choisir « le bon type » (dans tous les sens du terme) ! Mais la réalité est plus complexe.

Je vous dois une confidence. À l'occasion de soins dentaires récents et grâce à une fréquentation assidue de la salle d'attente, je me suis livré – trop tardivement, hélas – à la lecture de revues populaires féminines.

J'y ai découvert une anthropologie presque aussi complexe que celle de saint Thomas d'Aquin. Je m'explique. Il est manifeste qu'il y a cohabitation ou, pour le dire doctement, ambivalence dans les attentes des femmes. Leur recherche s'oriente souvent vers des hommes idéaux superposant les attributs de la figure traditionnelle (force, soutien, protection) et de la figure moderne (sensibilité, romantisme, goût du dialogue, vulnérabilité).

Selon l'expression, amusante, de Jeannette Bertrand : « Les femmes veulent un homme qui leur arrache leur robe le soir… et la recoud le lendemain ! »

« La belle et les bêtes »

Si j'ai bien compris les souhaits exprimés, l'homme moderne doit être :

– un lion pour affronter victorieusement les défis de la vie professionnelle, briller socialement et procurer la sécurité à sa famille ;

– un agneau pour apporter sa douce présence aux petits et gazouiller le soir en changeant les couches ;

– un étalon pour donner entrain et vigueur à la vie amoureuse ;

– un bon chien fidèle pour durer longtemps dans la vie du foyer. Bienvenue dans la ménagerie !

Comment sortir vainqueur de cette zone de combat ?

En utilisant des armes appropriées :

– la vérité : exprimer loyalement la vérité sur ce que je suis (et ne suis pas), sur ce que je veux être, avec l'aide de mon épouse ;

– l'ordre : nommer « l'ambivalence » des demandes (dites « la richesse », cela passera mieux !) en posant en couple des priorités ;

– le dialogue : s'ajuster régulièrement, par les échanges conjugaux, pour tenir compte de l'évolution des attentes de chacun. Comme les instruments de musique, il est bon de s'accorder pour bien jouer ensemble notre partition.

2. La guerre des pères

Nous avons présenté les différents pères (chapitre 1).

Il y a souvent conflit entre le père de référence (le géniteur ou le père éducateur dans la petite enfance) et les autres.

Les nombreuses séparations et recompositions des familles provoquent de plus en plus de situations conflictuelles dont l'enfant fait les frais.

Dans cette guerre, il y a beaucoup de victimes innocentes, de « dommages collatéraux ». Le jeune est trop souvent l'otage des affrontements entre les adultes.

Ce n'est pas facile pour lui de se situer dans un climat à très haute teneur affective. Comment réagir ? Les expressions suivantes entre guillemets sont citées à partir d'entretiens :

– **Choisir un parti ?**

Comme en politique, les alliances d'un jour peuvent être reconsidérées. L'enfant qui fait corps avec sa maman (et entre dans son discours) étant tout petit peut changer de camp à l'adolescence pour sortir de l'emprise de la mère jugée trop envahissante.

Il n'est pas rare d'entendre alors ces reproches :

« Tu m'as volé mon père » ;

« Tu m'as monté(e) contre lui » ;

« Il n'est pas du tout comme tu me l'as présenté », etc.

– **Adapter alternativement** le point de vue des deux parties pour ne décevoir personne ?

Exercice d'équilibriste qui prédispose au relativisme, au subjectivisme, à la confusion. « L'éponge devient sirop dans le sirop, vinaigre dans le vinaigre. » Difficile par la suite de s'affirmer avec sa personnalité propre, ses convictions personnelles.

– **Répondre aux attentes de chacun**, laissant penser que je suis « avec lui/elle » pour aimer et être aimé ?

Comportement d'adaptation qui peut entraîner des clivages intérieurs, des sentiments de culpabilité :

« J'ai fait semblant de… » ;

« En acceptant de… je trahis maman » ;

« Je suis comme un espion envoyé par papa et qui *balance* », etc.

– **Tirer profit** avec plus ou moins de cynisme de la situation de concurrence affective ?

« Je fais monter les enchères pour arriver à mes fins. » Véritable formation à la manipulation

Comment survivre dans cette guérilla familiale ?

– En rappelant à l'enfant que « ce combat n'est pas le sien ». Il n'a pas à intervenir dans le conflit, ni comme les forces de l'ONU (en « sauveur » qui va restaurer la situation), ni comme enfant soldat, manipulé par l'une des parties.

– En l'aidant à nommer ses choix de comportement, à en percevoir les enjeux, à y reconnaître des stratégies de survie…

– En le rassurant sur son avenir. Il n'y a pas de destin tout tracé, de malédiction familiale. Des enfants de personnes séparées peuvent fonder des couples, puis des familles stables, épanouies.

Par les décisions de justice concernant le droit de garde après un divorce, beaucoup de pères sont écartés de leurs enfants. L'attitude de la mère sera déterminante : elle a d'une certaine manière « droit de vie ou de mort » sur le père en lui donnant sa place ou en l'excluant. J'ai rencontré beaucoup de père meurtris : à l'échec conjugal s'ajoute l'échec parental.

Il peut alors connaître plusieurs tentations :

– celle de se démettre « puisque mon ex fait barrage et multiplie les problèmes quand je vois mon enfant, je laisse tomber. Cela ne sert à rien. Elle l'a monté contre moi… C'est foutu d'avance ! » ;

– celle de s'investir ailleurs : « J'ai loupé mon couple et ma famille, mais avec ma nouvelle compagne, je vais tout faire pour que cela marche. » Étonnant paradoxe de l'homme qui se révèle davantage père pour les enfants de sa nouvelle femme et finit par délaisser ceux qui sont les siens ;

– celle de combattre avec des « armes de destruction massive ». S'estimant dénigré, injustement traité, l'homme blessé va faire la guerre à son « ex » et à son entourage. Il attaque, accuse et abime l'image de la mère en prenant l'enfant à témoin.

Heureusement, certains couples séparés arrivent à dissocier la relation personnelle blessée et le respect dû à l'autre parent pour le bien de leur enfant. C'est un chemin très exigeant. J'ai vu de jeunes adultes rendre hommage à la maturité de leurs parents qui ont su, malgré leur souffrance, adopter cette attitude responsable, « non violente ».

3. La guerre civile (avec soi-même)

Nous avons noté que l'éducation faisait intervenir un acteur imprévu : l'enfant que nous avons été. Tous les parents souhaitent ardemment la réussite de leurs enfants. Mais il faut reconnaître que ce désir est ambigu, parfois narcissique ; il s'apparente à une revanche inconsciente sur la vie et les échecs des parents : souhait de réaliser, par enfant interposé, les rêves de sa propre vie. L'enfant reçoit la lourde mission d'accomplir ce que les parents n'ont pas pu faire.

Parfois, le message est communiqué sans paroles explicites ; l'enfant intériorise le souhait parental et y consent pour être aimé. Il accepte de « réparer », d'expier, de sauver ce qui a été en échec dans le passé familial.

Comment sortir victorieux de ce conflit interne ?

– en osant nommer nos désirs de parents : passer ainsi de l'inconscient au conscient, de l'implicite à l'explicite. Les rêves parentaux peuvent être les cauchemars des enfants !

– en étant attentif aux aspirations profondes de l'enfant, en acceptant l'altérité.

– en lui permettant de choisir personnellement son chemin.

Le Catéchisme de l'Église catholique nous le rappelle : « Aimer c'est vouloir le bien de l'être aimé. »

Bien souvent, pauvres parents que nous sommes, nous avons confondu notre vision du **bien pour l'autre** avec le **bien réel de l'autre**.

La formule déjà citée de saint Jean-Baptiste nous aide à adopter la bonne attitude : *« Il faut qu'il grandisse et que je diminue. »*

4. En guerre avec Dieu

Pendant des siècles et dans la plupart des cultures, le père de famille était doté des « pleins pouvoirs » et pouvait imposer sa conception de l'avenir à ses enfants : les mariages étaient arrangés par les parents pour contribuer à des alliances entre familles ou clans.

Mais dans la civilisation chrétienne, un grand obstacle pouvait barrer la route à cette apparente toute-puissance paternelle : la vocation religieuse. Tant de vies de saints illustrent cette possible limitation de la volonté parentale.

Pour suivre l'appel du Seigneur, il est permis et même recommandé d'obéir à Dieu plutôt qu'aux hommes.

Certains martyrs de l'Antiquité ne le furent pas avec les persécutions de l'Empire romain païen, mais à cause d'une opposition du père refusant la voie voulue par leur enfant.

Des « vierges » ou « consacrées » sont mortes en revendiquant la liberté de suivre la vie religieuse. Ce fut l'émergence de l'objection de conscience.

Si, dans les sociétés influencées par le christianisme, la fille est libre d'épouser l'homme de son choix et non celui imposé par les parents, c'est bien grâce au combat séculaire de l'Église catholique, affirmant l'égale dignité de l'homme et de la femme. Cette liberté de choix est d'ailleurs une condition nécessaire pour la validité du sacrement de mariage, libérant ainsi progressivement la femme de l'assujettissement à l'homme. Cela est en opposition avec les pratiques actuelles de nombreux pays, surtout ceux qui sont dominés par l'Islam intégriste. Peu à peu, en Occident, la liberté de la personne vis-à-vis du groupe social s'affirmera, ainsi que le respect des choix pris en conscience. C'est un formidable acquis qu'il faut bien sûr préserver, dans la famille et dans la société.

Les parents chrétiens auront à cœur de se poser la question devant Dieu : **qu'est-ce qui nous semble le bien véritable de notre enfant** ? Cela exige un discernement des dons naturels et spirituels de leurs enfants et un accompagnement pour favoriser les orientations prises librement par eux, selon leur degré de maturité. Après avoir partagé leurs valeurs, conseillé tel chemin, les parents sont appelés à faire comme Dieu lui-même : respecter la liberté de celui que l'on aime et courir le risque de le voir se tromper et souffrir.

C'est l'heure de la grande prière parentale d'intercession car « quand il est petit, on parle beaucoup de Dieu à l'enfant, mais quand il est grand, on parle beaucoup à Dieu de l'enfant ».

5. La confrontation entre le père idéal et le père réel

Dans le cimetière des illusions, le père et l'enfant se rencontrent pour faire deux deuils différents.

– Celui du père : le père doit progressivement faire le deuil de l'enfant idéal afin d'aimer l'enfant réel. Un travail plus intense se fait de son côté à l'adolescence de son enfant. Bienheureuse désillusion !

– Celui de l'enfant : ce conflit est relaté avec humour par le professeur Marcel Rufo (« Les héros ont la vie courte », chapitre 8). Un jour viendra où le « roi chéri », selon l'expression de sainte Thérèse, va être détrôné. « Le roi est mort, vive le roi ! » car se détacher du rêve du père idéal va permettre de s'attacher au père réel, avec ses limites et ses qualités.

En général, le garçon doit entrer dans ce processus avec son propre père pour pouvoir être, un jour, père à son tour.

6. Le conflit avec la loi, l'autorité

Le père de famille, et toute forme de paternité évoquant l'autorité (dans la famille, la société, l'Église), devient tôt ou tard le lieu d'une opposition.

Le père met à part, sépare, donne l'identité. C'est bien. Mais il est aussi difficile d'accepter les contraintes de cette identité.

Le père trace un chemin, donne une loi. C'est bien. Mais il est difficile de vivre l'obéissance à une loi dont je ne suis pas l'auteur.

Le père est principe de réalité. C'est bien. Mais il est difficile d'accepter que certains de mes désirs ne soient que des rêves, difficile de sortir des illusions pour entrer dans « la dure réalité ».

Le père est tendresse, encouragement. C'est bien. Mais il est difficile d'accepter les moments où il ne l'est plus. Le sevrage d'affection, la distanciation, la correction sont « amères ».

Le père est un « passeur » qui fait sortir du monde de l'enfance, de la fusion, de l'intimité maternelle à l'univers social. C'est bien. Mais l'enfant peut vouloir et ne pas vouloir faire ce passage. Les parents perçoivent facilement l'ambivalence de leurs enfants.

Dans la même journée, presque dans le même moment, l'enfant revendique d'être « traité comme un grand » et exprime son besoin d'être protégé et câliné « comme un petit ».

L'opposition du père est nécessaire. Elle ne revêt pas nécessairement un caractère dramatique. C'est un lieu privilégié de construction personnelle. Pour que la confrontation porte du fruit, la figure paternelle doit être solide, consistante, « résistante » aux choses…

Avez-vous remarqué comme les petits enfants aiment à être portés sur les épaules de leur père ? Là, ils sont en sécurité, rien ne peut les atteindre, pas même les chiens qui sont sur le chemin et qui font parfois un peu peur quand on est à leur hauteur.

Et ils voient le paysage de haut. Tout leur est soumis. On doit même lever la tête pour leur parler, ce qui est à l'opposé des relations habituelles quand on se penche vers eux.

Les Anciens évoquaient la Tradition avec l'image d'un enfant au-dessus de la montagne ou perché sur la tête d'un géant.

En tant qu'individu, c'est un nain en comparaison de la montagne, mais en tant que continuateur de la Tradition, il se tient au sommet, appuyé sur toutes les avancées de ses ancêtres…

Parabole du mur d'escalade ou « là-haut sur la montagne » :

Le père peut être perçu comme un mur, obstacle qui barre le chemin des désirs de l'enfant. Mais il peut être aussi un mur d'escalade que le jeune doit franchir pour s'élever.

Le père est objet d'admiration et l'enfant en retour attend d'être admiré par lui. L'amour paternel est déjà donné, bien sûr, mais il est aussi à conquérir. Il va falloir escalader cette hauteur, lentement, progressivement pour cela.

Deux conditions sont nécessaires du côté de la roche :

– elle doit être solide, dure, résistante. Les matériaux friables sont dangereux et peuvent provoquer des éboulis… l'alpiniste a besoin de sentir que la roche tient bon ;

– elle doit présenter des prises. On appelle cela des failles, des bosses, des creux, des aspérités. Ce sont des chances pour l'alpiniste, car, nous l'avons dit, une paroi parfaite, lisse et sans fissures (le père parfait) ne donne aucun appui. Le jeune reste au pied de la montagne sans espoir de l'escalader.

Du côté du jeune, il faut s'efforcer de monter sans se décourager. Parfois, l'alpiniste donne des coups de piolet pour tester la qualité de la montagne et se procurer des appuis. On appelle cela l'adolescence. Les confrontations, heurts, provocations sont autant de moyens répétés pour vérifier l'état des valeurs et des convictions des parents. Est-ce que c'est vraiment solide ? Mais, j'en conviens, quand le mur d'escalade voit le marteau et le pic, il frémit. Il n'a qu'une chose à faire : tenir bon.

L'enfant et le père, l'alpiniste et la montagne, seront très fiers quand l'ascension sera terminée et que le jeune sera au sommet. C'est aussi cela, « élever » un enfant.

Simone Weil fait cette remarque très fine : « Pour élever quelqu'un, qu'il soit adulte ou enfant, il faut d'abord l'élever à ses propres yeux. »

7. La guerre contre le principe paternel

Nous avons évoqué plusieurs « fronts » dans le conflit multiforme concernant le père. Nous sommes maintenant au cœur de la confrontation qui est d'abord et surtout un combat intellectuel entre systèmes de pensée. Trois courants exercent une influence déterminante sur la pensée dominante ; tous trois s'opposent aux valeurs de la culture judéo-chrétienne et à la fonction paternelle, dans des perspectives différentes :

a. Le courant philosophique hérité de Marcuse et de Mai 68

La revendication libertaire et individualiste est au centre de cette idéologie. Pour construire une société fraternelle universelle, l'individu doit abolir les contraintes sociales héritées de la civilisation judéo-chrétienne. Le bonheur est associé à l'hédonisme (morale du plaisir) ; c'est le slogan de Mai 68 : « Jouissez sans entraves ».

La libération sexuelle rejette tous les interdits et exalte une sexualité « sans tabou » vécue dans l'instant, déconnectée de tout projet de vie en couple. Les institutions sociales et surtout la famille sont par nature aliénantes pour la personne.

On a qualifié, à juste titre, cette posture « d'adolescentrique » : le père comme représentant la loi, l'interdit, le réel, est l'ennemi à abattre.

b. Le courant économique du libéralisme

Dans son encyclique *L'amour dans la vérité* (2009), le pape Benoît XVI a dénoncé avec vigueur les principes du libéralisme économique actuel et les désastres qu'il occasionne :

– l'idolâtrie d'une économie dominée par le pouvoir de l'Argent et du profit : « des systèmes économiques, sociaux et politiques qui ont foulé aux pieds la liberté de la personne et des corps sociaux… » ;

– la séparation entre l'agir économique et l'agir politique : « le marché n'est pas de soi, et ne doit donc pas devenir, le lieu de la domination du fort sur le faible » ;

– « les dynamiques économiques internationales actuelles, caractérisées par de graves déviances et des dysfonctionnements, appellent de profonds changements dans la façon de concevoir l'entreprise » ;

– « la gestion de l'entreprise ne peut pas tenir compte des intérêts de ses seuls propriétaires… » ;

– « Ces dernières années, on a vu la croissance d'une classe cosmopolite de managers qui, souvent, ne répondent qu'aux indications des actionnaires de référence ».

Le capitalisme « sauvage » devient « féroce » et voudrait se libérer de toutes les contraintes et régulations des pouvoirs politiques, des interventions des États.

Le pape François n'est pas moins sévère, bien au contraire. Il était archevêque de Buenos Aires quand l'Argentine a connu, à partir de 2001, une terrible crise économique et sociale.

Il utilise des termes très durs pour dénoncer cette situation : « un véritable terrorisme économique », « une globalisation économique faite de façon barbare » et il conclut : « L'impérialisme actuel de l'argent montre, lui aussi, son visage idolâtre, sans équivoque. » (Pape François, *Entretiens avec Gianni Valente*, Bayard)

Après le « Jouissez sans entraves » des libertaires, c'est le « Exploitez sans entraves » du libéralisme économique.

Les deux courants sont idolâtriques (idole du Sexe et idole de l'Argent) et ont horreur des lois qui fixent des limites et disent le droit... en un mot, de toute instance paternelle.

c. Le courant spiritualiste du Nouvel Âge

À la source de cette nouvelle spiritualité mondialiste, il y a le désir d'un contact personnel et direct avec le divin ; il s'agit, en dehors de toute religion traditionnelle, de faire une expérience spirituelle ; celle-ci est caractérisée par les éléments suivants :

– l'individualisme : chacun suit son propre chemin de salut et d'épanouissement ;

– le relativisme : toutes les doctrines se valent. Il s'agit de suivre « sa » vérité ;

– le gnosticisme : du mot *gnose* = connaissance. Le chemin du salut est celui de la connaissance, d'où les recherches d'élargissement de la conscience et l'intérêt pour l'ésotérisme (sciences cachées) ;

– le panthéisme : vibrer en harmonie avec la conscience universelle et se fondre dans le grand tout ;

– le syncrétisme : mélange de croyances émanant de religions variées (réincarnation, chamanisme, druidisme) et de techniques diverses (sophrologie, yoga, méditation, zen, spiritisme, etc.).

L'individu fait son marché dans la grande surface des spiritualités et prend ce qui lui convient. Ce sont une croyance et une pratique établies sur mesure. Enfin, les aspects sociaux de partage, solidarité, lutte contre la misère sont inexistants dans cette mouvance. Tout est centré sur l'épanouissement et le bien-être de l'individu : bien-être corporel, psychologique, spirituel.

Dans ce genre de spiritualité, il n'y a pas de place pour l'altérité, l'institution sociale, la loi… en un mot, l'instance paternelle. Ce n'est pas étonnant que les sentiments éprouvés soient survalorisés.

La formule « un grand moment d'émotion » résume toute la vie spirituelle.

Ces trois courants de pensée (philosophique, économique, spirituel) sont comme trois rivières formant un fleuve aux eaux polluées. Ces idéologies présentent bien et un travail de marketing est fait pour vendre le produit.

Pourtant, il faut se rendre à l'évidence : dans la réalité sociale, le refus de la fonction du père a des conséquences dramatiques.

Tony Anatrella, spécialiste en psychiatrie sociale, ne cesse de le répéter depuis trois décennies :

> « L'absence de la fonction paternelle, dont nous faisons le constat depuis plusieurs années, a des conséquences sur la structure psychique et sociale des individus : fragilisation de l'image masculine qui ne peut pas se former en dehors de la symbolique paternelle, troubles de la filiation, accroissement des conduites addictives, perte du sens des limites (toxicomanie, boulimie/anorexie, pratiques sexuelles réactionnelles), mais surtout difficultés à se mettre en œuvre dans la réalité et à se socialiser, c'est-à-dire à s'institutionnaliser, à acquérir une conscience historique, enfin à développer un lien social.

La symbolique paternelle est en effet du côté de l'histoire, là où la symbolique maternelle est du côté de l'instant infini. Alors qu'en est-il de l'état de la famille ? Le père est-il définitivement exclu de la scène familiale et sociale, ou doit-il encore chercher à assumer le rôle qui a toujours été le sien dans une société que le féminin envahit ? »

Dans ce contexte social, comment interpréter le mouvement de la « Manif pour tous » en France en 2013 ? Les observateurs ont été surpris par son importance dans la rue et dans les réseaux sociaux. Les hommes politiques ont été étonnés de voir tant de jeunes s'investir dans ce mouvement de contestation. Le démographe Hervé le Bras constate dans le *Mystère français* (écrit avec Emmanuel Todd, Seuil rois) : « C'est l'un des enseignements de notre étude : l'anthropologie, c'est-à-dire les manières de penser, d'agir et de s'organiser, est plus forte que les mutations économiques. L'Église a marqué plus profondément qu'on ne l'imaginait les mœurs et les comportements, une vision des rapports humains, du couple, de la famille. » (Cité dans *Et la France se réveille*, Vincent Trémolet de Villers et Raphaël Steinville, éd. du Toucon)

Deux lectures interprétatives peuvent être proposées :

– ce mouvement consistant est l'ultime réaction d'une France de droite, provinciale, catholique, rurale, conservatrice, un baroud d'honneur qui n'entravera pas la marche inexorable du progrès dans la libéralisation des mœurs (thèse gouvernementale) ;

– ce mouvement est le signe précurseur d'une « révolution morale et culturelle » ne craignant pas de contester l'héritage de Mai 68 en réinvestissant la sphère politique, sociale et en osant prôner sans complexe un changement de valeurs. Les jeunes des générations JMJ avec Jean-Paul II et Benoît XVI n'ont plus peur de s'opposer à la « dictature du relativisme ».

Certains émettent l'hypothèse d'un « Mai 68 à l'envers », non pas en termes de barricades puisque la « Manif pour tous » fut pacifique, mais en termes d'enjeux : les manifestants de Mai 68 avaient perdu la bataille politique avec le retour de la droite au pouvoir jusqu'en 1981, mais ils avaient gagné la bataille culturelle, leurs idées ayant envahi le champ de la société civile.

Et si la « Manif pour tous » avait perdu la bataille politique (la loi Taubira a été votée), mais signifiait le commencement d'une offensive dans le domaine des valeurs ? Les jeunes particulièrement se montrent audacieux. Ils ont surmonté les critiques et les procès en ringardise ; ils assument le fait qu'au-dessus des lois civiles, il existe des lois morales et qu'au-delà des formatages de la pensée unique, il existe la conscience humaine qui est libre.

Exercice pratique à faire en couple

– Parmi les huit lieux de conflits vis-à-vis du père, quels sont ceux qui me touchent personnellement ? Citer le ou les titres concernés (par ordre d'importance). Pourquoi ?

– Jacob est sorti de la lutte avec trois caractéristiques. Cela est-il vrai pour moi ?

– En quoi suis-je **meurtri** ?

– En quoi suis-je **transformé** (le changement de nom) ? Cela entraîne-t-il une nouvelle façon d'être (de penser, de réagir, de me comporter) ?

– Cette confrontation peut-elle devenir pour moi une « **bénédiction** » ? En quoi cela peut-il m'apporter quelque chose dans mon humanité ? En quoi peut-il en sortir un bien pour moi, pour les autres ?

– Qu'est-ce qui me permettrait de transformer ce(s) conflit(s) « contre » (plutôt négatif) en conflit « avec » (plutôt positif s'il permet une édification de la personne) ?

– Jacob sort « vaincu et vainqueur », vulnérable et affermi. Est-ce que ce paradoxe a un écho en moi dans la lecture que je fais de mon vécu de ce(s) conflit(s) ? Pourquoi ?

III. Prière

Préparation à la prière

Action de grâce pour la bonne confrontation avec mon père ou une figure paternelle qui m'a permis de me construire… dont je suis sorti grandi et davantage « moi-même ».

Remettons dans le cœur de Dieu les blessures vécues à ce niveau :

– *Blessure par excès* : l'opposition au père tyrannique vécue comme une question de vie ou de mort : « lui ou moi ». Les excès de pouvoir, les dominations abusives peuvent entraîner des rebellions dans une logique symbolique de « meurtre du père ». Toute l'énergie est mobilisée pour se débarrasser de la figure paternelle. Si l'enfant parvient à ce résultat, la victoire lui apparaît amère. Il peut se sentir coupable de cette révolte qui a écarté le père et l'a fait souffrir.

Il peut prendre conscience qu'il a fini par ressembler à celui à qui il s'est opposé. L'autre détesté… est une part de moi ! La victoire s'est faite au prix d'une mutilation personnelle.

– *Blessure par défaut* : l'absence de figure paternelle consistante ne m'a pas permis de vivre de confrontation qui éduque. C'est comme le manque de tuteur, de coach.

Je n'ai rien eu à quoi, à qui m'opposer, comme un lutteur frappant « dans le vide » ou dans un matériau mou… Cette absence ne m'a pas appris à vivre le conflit, la confrontation, la lutte.

Maintenant, l'adversité me décourage, m'accable ou m'atteint comme une menace pouvant détruire mon identité. Le clapotis des vaguelettes de la vie est vécu comme un tsunami.

Prions

Voir page 67.

Chapitre 10

Saint Joseph, soutien des pères

I. Saint Joseph, soutien des pères

Nous vivons une époque qui redécouvre la figure de saint Joseph.

Celui-ci sort de l'image de dévotion vieillotte qui lui a été trop longtemps associée.

Le pape Jean XXIII, l'homme du concile Vatican II, fut aussi celui qui contribua à la redécouverte de saint Joseph. Il décida que, dans le canon romain de l'Eucharistie, son nom serait ajouté à celui de Marie, avant les Apôtres et les martyrs.

Jean-Paul II rédigea une petite exhortation apostolique : *Redemptoris custos* (« La figure et la mission de saint Joseph dans la vie du Christ et de l'Église », 1989) dont je vous recommande la lecture.

Dans ce chapitre conclusif, nous méditerons simplement sur quelques aspects de la spiritualité de saint Joseph en lien avec notre vocation d'époux et de père.

1. Joseph, un vrai mari

Saint Thomas d'Aquin pose la question suivante dans la *Somme Théologique* : « Y eut-il un vrai mariage entre Marie, mère du Seigneur, et Joseph ? »

Le Docteur de l'Église, à la suite de saint Augustin, constate qu'on y trouve les éléments essentiels :

– « union indissoluble des esprits » ;

– « union des cœurs » ;

– « consentements ».

Il en conclut que « l'union entre la Vierge Marie, mère de Dieu, et saint Joseph fut un mariage absolument véritable. Car l'un et l'autre ont consenti à l'union conjugale, mais non expressément à l'union charnelle » (*Somme Théologique* III qu 29).

Les contemporains de Jacques et Raïssa Maritain furent témoins de leur très bel amour conjugal (vécu par vocation spéciale et en secret sans avoir de relations sexuelles). C'était de toute évidence « un vrai couple », rayonnant d'amour, de tendresse, de complicité, et non deux religieux vivant dans la même maison ! Bien faible image pour évoquer la vraie vie conjugale de Joseph et de Marie.

Ils ont vécu « notre » vocation d'époux et de parents.

Le pape Jean-Paul II dira :

> « C'est dans la Sainte Famille, cette Église en miniature par excellence, que toutes les familles chrétiennes doivent trouver leur reflet… Elle est donc le prototype et l'exemple de toutes les familles chrétiennes. » (*Redemptoris Custos*)

Par l'intercession de saint Joseph, demandons au Seigneur la grâce d'être des époux selon le cœur de Dieu, renouvelés dans un amour tendre et passionné pour nos épouses.

Quels autres traits de saint Joseph pouvons-nous retenir pour l'imiter, selon notre condition ?

2. Un homme de foi

Comme la Vierge Marie, Joseph reçoit la visite de Dieu (l'Ange de Dieu en songe), accueille sa parole et fait confiance ; il nous invite à être nous aussi des hommes de foi faisant confiance au Seigneur, lui qui dirige nos vies. Notre épouse et nos enfants ont besoin de pouvoir s'appuyer sur notre confiance. C'est un roc sur lequel nos proches pourront s'établir. Pour cela, il nous faut entretenir notre relation personnelle avec le Christ dans la prière, l'écoute de la Parole de Dieu, les sacrements de l'Église. Cette confiance ne vient pas de nos capacités naturelles, mais est puisée en Celui qui est notre Source, notre force, notre roc.

3. Un homme marial

Joseph a entendu cette parole : « *Joseph, fils de David, ne crains pas de prendre chez toi Marie, ta femme.* » (Mt 1, 20) Toute sa vie va en être transformée. Nous aussi, nous sommes appelés à « prendre chez nous Marie » :

– chez nous dans notre cœur,
– chez nous dans notre couple,
– chez nous dans notre famille,
– chez nous, dans toute notre existence.

Joseph a accueilli une première fois Marie dans son amour humain (les fiançailles), puis une seconde fois dans la foi en Dieu.

Par l'intercession de saint Joseph, demandons au Seigneur la grâce d'accueillir Marie et, à travers elle, d'accueillir l'Enfant Jésus.

4. Un homme d'action

Dans l'évangile de Matthieu, Joseph ne parle pas, il agit. (Si nos femmes nous reprochent d'être peu enclins à la discussion, nous avons maintenant un alibi spirituel : nous faisons comme saint Joseph ! Ouf !).

Joseph se révèle un homme d'action ; il doit prendre des décisions importantes : ne pas répudier Marie, aller à Bethléem, partir en Égypte, revenir en Galilée… Il le fait simplement, sans hésitation ; il va à l'essentiel.

Saint Joseph, aide-nous à nous conduire comme toi, à n'avoir pas peur de décider, d'agir, de prendre des initiatives.

5. Un homme juste, ajusté à la volonté de Dieu

Joseph est appelé *« un homme juste »* (Mt 1, 19). Effectivement, il se révèle comme étant toujours ajusté à la volonté de Dieu.

Sa vie est souvent bouleversée par des événements imprévus. Et Joseph est souple ; il se laisse déranger par Dieu. Cela lui demande de renoncer à ses désirs et projets personnels pour entrer dans une vocation plus grande. Il obéit à Dieu et aux événements comme le recensement des Romains. Et à travers cela, le Seigneur réalise par lui son œuvre.

Nous aussi, par le mariage, nous entrons dans un chemin nouveau. Si on peut parfois anticiper certaines choses, d'autres nous échappent. Nous devons nous adapter aux imprévus, faire face.

La vie de couple, l'éducation des enfants nous amènent à renoncer à des projets personnels, à des habitudes de célibataire, à des rêves…

Saint Joseph, aide-nous à entrer dans les renoncements que Dieu nous demande à travers la vie, sûrs que cela nous entraîne vers une vocation plus belle, plus grande que ce que nous avions d'abord imaginé.

6. Un homme qui reste fidèle dans les épreuves

Joseph ressemble à Abraham : il doit passer par bien des épreuves pour accomplir sa mission. Si nous dépoussiérons l'Évangile, nous y découvrirons des épreuves très actuelles :

– un changement de vocation ou plus précisément un changement dans sa vocation (être époux autrement) ;

– des déménagements en famille (insécurité) ;

– l'exil sur une terre étrangère – plusieurs années en Égypte. Saint Joseph pourrait être le saint patron des émigrés et des expatriés ;

– un changement professionnel dans des lieux différents ;

– une situation familiale atypique. Les familles avec un enfant unique sont extrêmement rares en Orient à cette époque.

Le signe de la bénédiction divine étant la nombreuse descendance, la Sainte Famille semble, aux yeux des hommes, bien peu comblée par Dieu !

Saint Joseph, aide-nous à demeurer fidèles à Dieu, à notre vocation, au milieu des épreuves de la vie, à bien vivre nos situations familiales « particulières » (stérilité, adoption, accueil d'un enfant avec un handicap, etc.).

7. L'homme des passages

Dans l'Histoire sainte, saint Joseph se situe à la charnière de l'Ancien et du Nouveau Testament. Il est l'homme du passage, de la transition entre deux époques. Saint Joseph peut nous accompagner dans les mutations de notre temps, dans le changement générationnel que chacun de nous doit vivre : jeune père, âge mûr, âge de la retraite, etc.

Il y a des saisons de la vie dans l'Histoire sainte et dans nos existences. Nous sommes appelés à conjuguer **la fidélité** à notre appel (et à nos convictions profondes) et **l'adaptation** permanente, le renouvellement intérieur qu'exigent les situations nouvelles… Nos enfants nous y aident, mais Joseph, ce « soutien du ciel », est très efficace.

8. Le serviteur discret

Ce qui caractérise saint Joseph, c'est la discrétion, l'humilité, le silence. Le début et la fin de sa vie sont enveloppés de mystère : on ne sait rien de la date ni de son lieu de naissance, des circonstances de sa mort et de son lieu de sépulture. Il quitte l'Évangile discrètement, « sur la pointe des pieds ».

Saint Joseph a une mission très grande, unique dans l'histoire du salut, et il est effacé.

Sa mission est accomplie comme un service :

– au service de Jésus et de Marie ;

– au service de la Sainte Famille ;

– au service du dessein de Dieu ;

– et aujourd'hui, au service de l'Église universelle dont il est le saint patron.

Que le Seigneur, par l'intercession de saint Joseph, nous apprenne à exercer notre autorité de père comme un simple service du couple, des enfants, de la famille, de la société. Mettre toujours Dieu à la première place et rester discret, même quand le Seigneur lui-même nous place « devant », aux yeux des hommes.

Remercions Dieu pour tous les « saint Joseph » autour de nous, qui donnent ce témoignage d'une vie de service des autres sans « faire d'histoires » ni chercher à se mettre en avant… Ils servent et c'est tout.

9. L'éducateur

Joseph accomplit toutes les tâches confiées au père de famille dans la tradition juive :

– **Inscrire l'enfant dans la filiation** (Mt 1, 1-17) : c'est le récit de la généalogie de Jésus. Par Joseph, Jésus est relié aux dépositaires des promesses messianiques, David, Abraham… Il rappelle à la branche qu'elle pousse sur un arbre qui a un tronc, des racines.

– **Donner le nom** : Joseph avec Marie reçoit de Dieu la mission de donner le nom à Jésus. *« Elle enfantera un fils, et tu l'appelleras du nom de Jésus car c'est lui qui sauvera son peuple de ses péchés. »* (Mt 1, 21)

Le nom est donné par Dieu ; c'est Lui qui donne l'identité, la mission, mais cela passe par la médiation humaine. Le père de la terre reconnaît cette identité qui vient du Ciel. Le père, avec la mère, aide l'enfant à découvrir sa vocation propre, le dessein de Dieu sur lui.

– **Nourrir** le corps et l'âme de son enfant. Pas seulement le bien-être corporel, mais aussi la nourriture spirituelle.

– **Guider** : *« Lève-toi, prends avec toi l'enfant et sa mère… »* (Mt 2, 13) Cela nécessite la vertu de prudence pour prendre les bonnes décisions. Le guide montre la direction à suivre dans la vie.

– **Protéger** : *« Il se leva, prit avec lui l'enfant et sa mère et rentra dans la terre d'Israël. Mais, apprenant qu'Archelaüs régnait sur la Judée à la place d'Hérode son père, il craignit de* *s'y rendre ; averti en songe, il se retira dans la région de Galilée et vint s'établir dans une ville appelée Nazareth.* » (Mt 2, 23)

Protéger l'enfant des influences extérieures mauvaises : il y a d'autres Archelaüs autour de nous !

– **Éduquer** : l'action éducative concerne la vie morale, religieuse, intellectuelle, professionnelle. Elle met l'accent sur l'amour du travail.

Par l'intercession de saint Joseph, demandons au Seigneur la grâce d'être des éducateurs selon son cœur.

10. Au service de la guérison de la paternité et de la filiation blessée

Saint Joseph a reçu une mission particulière : « servir directement la personne et la mission de Jésus en exerçant sa paternité » (Jean-Paul II).

Cette mission se continue tout au long de l'Histoire. Elle concerne le Christ (tête) et l'Église (son corps).

C'est pourquoi le pape Pie IX voulut confier l'Église universelle à la protection spéciale de saint Joseph en le déclarant solennellement « patron de l'Église catholique » (1870).

Le pape Léon XIII ajouta :

> « Il est donc naturel et très digne du bienheureux Joseph que, de même qu'il subvenait autrefois à tous les besoins de la famille de Nazareth et l'entourait saintement de sa protection, il couvre maintenant de son céleste patronage et défende l'Église de Jésus Christ. » (*Quamquam pluries*, 1889)

Saint Joseph se voit confier l'Église universelle et tous ses membres aujourd'hui. Il fait donc simplement son travail en agissant efficacement dans les familles, petites églises domestiques.

Comme en Palestine hier, il intervient en notre temps pour tous les besoins matériels et spirituels et dans toutes les situations : « Mystères joyeux, lumineux, douloureux, glorieux » de nos familles.

C'est un homme polyvalent qui sait tout faire ! Mais il est particulièrement réputé dans les domaines suivants :

– la vie de couple ;

– la relation éducative ;

– la protection des enfants ;

– le lieu d'habitation (recherche d'appartement – achat/vente de maison) ;

– le travail (recherche d'emploi, formation professionnelle, gestion de la charge de travail) ;

– la vie intérieure et particulièrement l'oraison.

Mais il y a encore une activité dans laquelle il excelle. Savez-vous laquelle ? Je vous mets sur la piste.

Écoutons la Vierge Marie parler de lui à l'Enfant Jésus : *« Vois,* **ton père** *et moi, te cherchons. »* (Lc 2, 48)

Marie ne dit pas « Joseph » ou « Celui qui nous protège » ; elle dit « **ton père** ». Oui, Joseph est père et, à ce titre, il a le charisme de guérir les paternités et les filiations blessées.

Le témoignage de Sophia nous le montre :

« Fille unique, j'ai été élevée par ma mère, mes parents s'étant séparés pendant sa grossesse, car mon père n'arrivait pas à se libérer de la dépendance aux jeux de hasard. Je n'ai jamais pu aborder ce sujet trop douloureux avec ma mère. Par la suite, je voyais mon père une fois tous les six mois, puis une fois l'an. Souvent, il promettait de venir et je passais des heures à l'attendre pour finir par une grande déception... Depuis mes quatorze ans, je ne l'ai plus revu.

Ce n'est qu'à l'âge de vingt ans que j'ai réalisé qu'inconsciemment, je recherchais un père, notamment parmi mes professeurs.

J'ai pris conscience de cela à travers les moqueries de mes copines qui pensaient que j'étais amoureuse d'un professeur. La blessure de l'abandon et de l'absence du père commandait les comportements de la jeune fille et de la femme que j'étais.

C'est à partir de cette prise de conscience que j'ai commencé à identifier douloureusement la béance du manque d'amour en moi et à mettre des mots sur des maux et des mécanismes de protection que j'avais développés. Quelque temps après, le 19 mars 2008, en la fête de saint Joseph, je lui ai demandé d'être mon père adoptif.

Sauf que, bien évidemment, le mot **père** n'avait pas beaucoup de signification pour moi.

En même temps, mon cheminement spirituel était de plus en plus marqué par la découverte de la personne de Dieu le Père. Je désirais faire une expérience guérissante de son amour et pendant deux ans, je lui ai régulièrement demandé cette grâce, mais cela ne venait pas.

Entre-temps, j'ai décidé de suivre une session de guérison intérieure. Pendant celle-ci, on nous a proposé de nous sculpter tout petit, à notre naissance. Ensuite, au début d'une messe, chacun apportait sa sculpture et la remettait à un des animateurs qui plaçait toutes nos sculptures au pied de l'autel, entre les statues de Marie et Joseph agenouillés, comme dans la crèche. Après la messe, il fallait récupérer sa sculpture. Mais alors, je constate que la mienne n'y est pas !

Quelqu'un a dû se tromper et prendre la mienne à la place de la sienne. Pensant faire un appel de recherche au repas du soir, je relève mes yeux et qu'est-ce que je vois ? Ma sculpture placée sur les genoux de saint Joseph ! Mon cœur fondit : ce n'était pas simplement saint Joseph qui m'adoptait, c'était le Père, notre Père à tous les deux qui, à travers ce saint, me confirmait son amour. Pour ma part, j'étais prête à l'accueillir grâce au pardon donné à mon père naturel, dans la communion des saints puisqu'il était décédé en mai 2008. Ma prière de faire l'expérience de l'amour du Père venait d'être exaucée au-delà de mes espérances. La seule sculpture parmi une soixantaine qui ait été placée de cette manière ! Quelques jours après, j'ai découvert que dans l'Antiquité, l'enfant devenait membre de la famille non pas à sa naissance, mais au moment où son père le plaçait sur ses genoux. Quel bel accusé de réception de la part de saint Joseph ! Il faut savoir aussi que deux amies très proches ont prié pour moi au moment de cette retraite, sans me le dire, une neuvaine à… saint Joseph.

La photo de saint Joseph avec ma sculpture m'accompagne tous les jours, en fond d'écran de mon téléphone portable. Mais aussi et surtout, depuis lors, ma relation avec saint Joseph a pris de la consistance. J'ai appris que le manque du père et la blessure d'abandon n'ont pas été "effacées" et que c'est à moi de rester vigilante ; quand je m'aperçois que je commence à reporter ma soif insatiable d'être aimée sur une relation humaine, j'ai besoin, pour rester libre, de me tourner vers le Père par l'intercession de mon "père adoptif". Je dois veiller à rester près de la Source.

La plus grande découverte de ma relation avec saint Joseph, c'est sa grande et délicate attention à mes besoins. À titre d'exemple, il y a quelque temps, je réfléchissais en revenant du travail sur ma relation avec Dieu le Père et je me disais qu'il me faudrait une petite statue de saint Joseph dans la chambre pour m'aider à garder à l'esprit la présence du Père dans ma vie. Le soir même, je découvrais dans une armoire oubliée une belle statue de saint Joseph avec Jésus dans les bras, exactement la même que celle qui se trouve dans une église où je me rends régulièrement. Sitôt dit, sitôt fait…

Une des choses qui me réjouit le plus, c'est que mon expérience ne m'est pas réservée. Oui, au bout de deux ans, j'ai reçu une grâce exceptionnelle, car ce que le Père guérissait dans mon cœur dans le silence de la retraite m'a été manifesté concrètement. Mais la vérité de cette grâce est universelle : chacun de nous est cet enfant bien-aimé que le Père place sur ses genoux. Ma joie est de pouvoir, en témoignant, annoncer cette Bonne Nouvelle à tous ses enfants !

Concluons avec **ces paroles du pape Jean-Paul II** nous invitant à la prière.

> « L'Église, comme je l'ai rappelé, implore la protection de Joseph "par l'affection qui l'a uni à la Vierge immaculée, Mère de Dieu" et elle lui confie tous ses soucis en raison notamment des menaces qui pèsent sur la famille humaine.
> Aujourd'hui encore, nous avons de nombreux motifs pour prier de la même manière : "Préserve-nous, ô Père très aimant, de toute souillure d'erreur et de corruption… ; sois-nous propice et assiste-nous du haut du ciel dans le combat que nous livrons à la puissance des ténèbres ; et de même que tu as arraché autrefois l'Enfant Jésus au péril de la mort, défends aujourd'hui la sainte Église de Dieu (et nos familles) des embuches de l'ennemi et de toute adversité."
> Aujourd'hui encore, nous avons des motifs permanents de recommander chaque personne à saint Joseph. »
>
> (Exhortation apostolique *Redemptoris custos*, éd. Téqui)

II. Exercice pratique : comment pardonner à notre père ?

Discernement :

Pour beaucoup, la question ne se pose même pas, soit parce que la relation a été bonne et que les difficultés relationnelles ont pu être abordées et solutionnées au fur et à mesure, soit parce qu'on se refuse un questionnement à ce sujet.

Ne serait-ce pas « juger » ses parents ? Manquer à l'amour filial ? D'une certaine façon, les trahir ? Souvent, le problème est ailleurs, dans la difficulté de reconnaître que ce ne sont pas des parents idéaux.

Bien des souffrances de l'enfant demeurent à l'âge adulte, mais elles sont niées, occultées, minimisées, rationalisées.

– niées : « Je n'ai pas beaucoup de souvenirs d'enfance », « Cela ne sert à rien de fouiller le passé » ;

– minimisées : « C'est vrai, papa était brutal, mais on n'en meurt pas ; chez les voisins, c'était pire ! » ;

– protégées par des formules écran infranchissables : « J'ai eu des parents merveilleux. » Paravent convenable qui évite d'aller regarder « derrière ».

Il est difficile de perdre l'idéal du parent et de regarder la réalité en face. Les travailleurs sociaux le savent, même les enfants battus trouvent des prétextes pour protéger l'image de leurs parents : « Je suis tombé dans l'escalier. » Refuser d'accuser l'autre, c'est aussi faire semblant d'avoir des parents corrects, comme tout le monde, et se donner l'impression d'être aussi comme tout le monde.

Il n'y a donc pas que les historiens douteux qui font du « révisionnisme ». Tout le monde réinterprète son histoire pour lui donner sens et cohérence. Mais le mensonge par omission ou par invention, c'est autre chose. On dit que parfois, les baratineurs finissent par croire aux histoires qu'ils ont inventées. À force de les répéter, à soi, aux autres, le scénario imaginaire se renforce…

Or, Jésus dit : *« La vérité vous rendra* **libres**. » (Jn 8, 32)

Le chemin du pardon s'inscrit dans la durée et engage toutes les facultés de l'âme : intelligence, volonté, mémoire, imagination, sentiments (ou « passions ») et même nos sens. C'est un processus qu'il faut vouloir « mettre en route ».

1er Acte : le droit à la vérité

Cette étape implique surtout les facultés hautes de l'âme : **l'intelligence** cherchant la vérité, **la volonté** s'orientant vers ce qui est un bien pour moi : une perception juste de mon histoire.

Je me donne le droit de regarder mon vécu familial, ma relation avec mes parents de façon distanciée, d'oser un nouveau regard.

J'accepte – choix de la volonté – de renoncer à l'image fictive de l'idéal du père pour entrer dans un regard sur le père réel. Chemin d'incarnation, d'humilité, de réalisme, de vérité.

2e Acte : le droit d'exprimer, puis de nommer ma souffrance

Je ne suis ni ingrat, ni déloyal, ni accusateur si je reconnais ce que j'ai ressenti (domaine des **émotions**).

Se permettre de laisser sortir les émotions et sentiments, surtout ceux qui sont imprégnés de souffrance. Il y a souvent une ou des « dominantes » :

– *peur* de la violence physique, verbale, des réactions excessives, des disputes entre parents… ;

– *tristesse* de n'être pas suffisamment aimé, reconnu, considéré… ;

– *honte* de mes parents vis-à-vis du regard des autres (amis) ou à mes propres yeux (handicap, milieu social modeste, comportements parentaux inadaptés en société…) ;

– *colère* face à des attitudes injustes, humiliantes à mon égard… ;

– *jalousie* vis-à-vis de frères et sœurs qui, à mes yeux, bénéficiaient d'un traitement de faveur à cause de leur âge, sexe, talents… ;

– *sentiment d'abandon* à l'occasion de certaines séparations (école, colonie de vacances).

Puis il faut **mettre des « mots sur les maux »**. En parler à quelqu'un, verbaliser.

> Quand nous avons perdu notre petite fille Emmanuelle à la naissance, les grandes sœurs ont pu en parler avec des paroles, mais aussi en faisant des dessins. Tant de choses importantes « sortent » dans les dessins d'enfants !
> Quelle ne fut pas notre surprise, à mon épouse et moi, de voir qu'un mois après la mort d'Emmanuelle, les dessins d'enfants montraient « deux niveaux » :
> – sur la terre, au milieu des arbres et des fleurs, il y avait toute la famille, parents et enfants, en rang d'oignons ;
> – dans le ciel, entre Jésus, Marie, le soleil, il y avait une petite fille… c'était bien sûr Emmanuelle ! Leur petite sœur était « placée » non dans une tombe, mais « au ciel ».

Dans des retraites spirituelles, j'ai vu des personnes quitter la chapelle et partir sur les chemins de campagne pour dire ou crier à Jésus leur peine. (Maintenant, on peut parler tout seul, les gens pensent que vous téléphonez, c'est pratique !) Leur démarche, inspirée par le Saint-Esprit, fut libératrice. En hébreu, c'est le même mot pour dire « prier » et « crier ». Il faut que cela sorte ! Pour vous en convaincre, lisez les psaumes, qu'ils soient de louange ou de supplication. L'homme de Dieu ne craint pas d'exprimer tous ses sentiments, d'être vrai avec son Seigneur.

3e Acte : le droit d'inventaire ou la thérapie par la plainte

Les gouvernements nouvellement élus se livrent à un travail d'inventaire pour évaluer ce qui a été fait (ou non) par leurs prédécesseurs. En chemin de pardon comme en politique, on court le risque de transformer l'inventaire en réquisitoire : je suis victime « d'un autre » qui n'a pas fait ce qu'il fallait. Prenons quand même ce risque !

Dans la Parole de Dieu, le Seigneur permet à ses amis d'exprimer leurs plaintes, amertumes, révoltes et même les reproches injustifiés.

Si vous n'en êtes pas convaincu, lisez plutôt :

– Moïse, en Nombres 11, 10-15 ;
– Jérémie, en Jérémie 15, 18 ;
– Job, en Job 10, 1-22 ;
– Jonas, en Jonas 4, 1-3.

Cette démarche, qui consiste à verbaliser sa plainte, permet un travail de séparation : je distingue mes parents (en ce qu'ils ont été, ce qu'ils ont fait) et moi-même (ce que j'ai vécu, ce que je suis). Faire œuvre de séparation, c'est sortir de la fusion, de toute forme d'emprisonnement affectif. Quelqu'un se sentant toujours redevable, « en dette » vis-à-vis de ses parents, peut rester dans la fusion. Il sera toujours soumis aux éventuels chantages affectifs.

Ce travail d'expression de ma plainte va permettre à chacun de suivre sa route de façon autonome. C'est un chemin de liberté. Il existe de « bons liens » affectifs qui respectent ma liberté et de « mauvais liens » qui m'emprisonnent. Ces derniers doivent être dénoués ou coupés. Le véritable amour rend libre.

4e Acte : le travail de décantation ou le devoir du discernement

Certaines personnes restent bloquées dans l'étape de la plainte et se figent dans la répétition continuelle des griefs. Le risque est grand de s'enfermer dans un rôle de victime qui donne « droit » à la compassion ; même la souffrance peut être instrumentalisée pour accuser les autres et leur donner mauvaise conscience, pour faire valoir son besoin de reconnaissance. Le danger est réel de se complaire, consciemment ou non, dans ce rôle tragique.

Deux éléments favorisent la « décantation » : le temps et la distance.

Après l'expression des émotions, suit un travail de l'intelligence qui s'efforce de distinguer, de nommer, d'objectiver.

Trois niveaux entremêlés se clarifient peu à peu :
- le ressenti émotionnel,
- l'événement réel restitué,
- l'interprétation qui donne sens à l'événement.

Un jeune adulte, en colère contre ses parents, revenait souvent sur le fait qu'il avait été « mis dehors », en pension dans un établissement secondaire. Il était jaloux de son frère qui, lui, « le préféré », était resté à la maison. Le jeune exprimait souvent sa tristesse des week-ends en pensionnat dans l'éloignement familial, la solitude.

Les émotions (sentiment d'abandon, tristesse, colère, jalousie) envahissaient tout le champ de la réflexion.

Ce jeune a pu parler à son frère, puis à ses parents au sujet de cet envoi en pension. L'établissement scolaire était très bien, sur le plan intellectuel et éducatif. Il avait, à juste titre, une excellente réputation. Ce n'était pas un centre pénitentiaire ! Peu à peu revenaient de « bons souvenirs » vécus dans cette école.

L'interprétation de l'événement par les parents et le frère resté à la maison était la suivante : d'une part, la maman était physiquement épuisée après une fausse couche et d'autre part, les parents de milieu rural voulaient donner les meilleures chances de réussite (en faisant des sacrifices financiers pour le placer dans ce lycée) à celui qui présentait des aptitudes intellectuelles plus développées.

Le jeune en question a lui-même été dérouté d'entendre son frère, resté à la maison, lui dire dix ans après : « J'étais jaloux de toi – ils parlaient de toi avec fierté parce que tu réussissais à l'école – moi, j'avais l'impression d'être nul, en restant à la ferme et à l'école du village ! »

Ressentir est une chose,
Objectiver pour restituer l'événement en est une autre,
Donner sens, interpréter l'événement en est une autre encore.

Parfois, « le ressenti ment » ! Bien des « preuves » nous en sont données dans la vie quotidienne : deux enfants vivant la même situation objective (un déménagement, un départ en vacances) le ressentent et l'interprètent différemment.

Un chemin de guérison et de pardon ne peut jamais faire l'économie de la raison cherchant à restituer, à comprendre. Durant cette étape, les sentiments qui ont été exprimés sont progressivement intégrés par le travail de la raison.

5e Acte : le pardon

Nous aborderons cette étape dans une dimension religieuse. En effet, des psychologues parlent de pardon (dans un sens laïc ou « profane ») pour favoriser chez le patient un chemin de vie. C'est une attitude qui consiste à accepter le réel : « c'est comme cela et pas autrement », à refuser la fausse piste de vouloir refaire le passé. À partir de là, le sol est ferme pour bâtir un projet d'avenir. Choisir de vivre aujourd'hui, sortir de l'enfermement dans le passé, pour se donner la possibilité – le droit – de vivre et d'être heureux maintenant et demain.

Cette approche « naturelle », » raisonnable » nous rappelle que le pardon est un chemin de vie et de libération pour tout homme.

Le pardon évangélique confirme cela et fait entrer dans une autre dimension, surnaturelle.

Jésus nous parle d'une offense, d'un offenseur, d'un offensé.

Le pardon va engager surtout les deux facultés hautes de l'âme : la volonté et l'intelligence (ou raison) :

– acte de volonté : vouloir, choisir, décider, s'orienter vers le pardon parce que Dieu le demande et parce que c'est pour moi et pour l'autre un chemin de vie, d'amour ;

– acte de l'intelligence :

Nommer l'offense, telle que je la perçois loyalement : un vol, une trahison, un mensonge, une injustice.

Nommer l'offenseur : je juge c'est-à-dire j'évalue un **acte** (parole, écrit, geste) et non l'auteur de l'acte. Jésus nous apprend à rejeter le péché (l'acte), mais à aimer (= vouloir le bien) le pécheur (l'auteur).

Les parents savent que l'on peut dire à son enfant : « Ce que tu dis là est un mensonge » (nomination d'un acte), mais qu'il faut éviter de figer la personne dans son acte : « Tu es un menteur. »

L'intention de l'offenseur ne peut être jugée que par Dieu qui connaît toute chose. Cette distinction est nécessaire car celui qui subit une offense (comme le manque d'amour de ses parents) doit pouvoir l'imputer à son auteur. Sinon, il porte l'offense comme s'il en était responsable et vit dans une culpabilité diffuse : « Je ne suis pas aimé et quelque part, c'est de ma faute. »

Proposition de démarche concrète pour pardonner

Nous sommes « incarnés » et avons besoin de signes concrets.

– **Un signe. Écrivez une lettre à votre père** (qui ne lui sera pas remise, mais demeure un secret entre Dieu et vous). Prenez le temps de lui dire tout ce que vous n'avez jamais pu lui dire : joies, peines, attentes déçues, etc. Cette lettre doit être datée et signée ;

– **Un temps**. Choisissez le moment favorable pour poser cet acte. L'Esprit Saint vous le montrera (une fête liturgique, un anniversaire, un dimanche « jour du Seigneur ») ;

– **Un lieu symbolique** pour déposer cette lettre (sur l'autel, devant une icône, une statue de la Vierge), dans une chapelle ou dans votre coin-prière ;

– **Une formule**, une prière que vous dites à haute voix (ou murmurée). Seul(e) ou devant un témoin (accompagnateur spirituel, conjoint, ami de confiance).

Écrivez cette prière (vous pouvez détruire la lettre, mais gardez la prière). Elle doit être simple et explicite, comme par exemple :

Seigneur, je te remercie de m'avoir pardonné mes péchés.
Seigneur, tu me demandes de pardonner à ceux qui m'ont offensé et je veux le faire, avec ton aide, par amour pour Toi.
Accepte cette prière de pardon comme une offrande d'amour.
Je te remets, Jésus, les offenses suivantes (les nommer)
et je les place sur ton cœur.
Toi qui es l'Agneau de Dieu qui enlève les péchés du monde,
prends-les avec toi, sur ta croix.
Et maintenant, en ton nom, Seigneur Jésus Christ, par le pouvoir que me donne mon baptême, papa, je te pardonne toutes tes offenses envers moi.
Seigneur, tu changes la mort en vie,
le péché en grâce,
la haine en amour,
les ténèbres en lumière,
la tristesse en joie,
la malédiction en bénédiction.

Viens répandre tes bénédictions sur mon père (qu'il soit en vie ou décédé).
Papa, au nom de Jésus Christ, je te donne ma bénédiction. Amen, Alléluia.

Et après ? Le pardon a été donné devant Dieu. Je peux de temps en temps faire une « piqûre de rappel » si j'en ressens le besoin et redire cette prière. Il s'agit d'un renouvellement du pardon pour demeurer dans cet esprit.

Il n'est en général pas souhaitable que la personne pardonnée soit informée de ma démarche. C'est d'abord une démarche devant Dieu.

Mais l'Esprit Saint peut m'inspirer des initiatives pour établir une relation « ajustée » (mot, coup de fil, visite, cadeau...). Ces gestes vont signifier mon désir de réconciliation, de pardon, de relation nouvelle. Il ne faut pas brusquer les choses et aller trop vite. Laissez le temps faire son œuvre d'apaisement. Laissez la grâce du pardon envahir peu à peu tout votre être. Puis l'Esprit Saint suggérera les temps et les moments.

Parfois, quand c'est « l'heure », il est possible de dire certaines choses que l'autre peut porter. Mais il faut attendre « le moment favorable ».

Le pardon est donné gratuitement et sans calcul.

Peut-être va-t-il susciter un changement dans le cœur de l'autre et l'amener à demander pardon à son tour. C'est une grâce. Peut-être pas. C'est la liberté de l'autre devant Dieu et devant sa conscience. Pour ma part, j'aurai fait ce que j'avais à faire. Un pardon donné est toujours source de grâce pour celui qui le donne et pour celui à qui il est donné.

À la fin de ce livre, je veux prier avec vous et pour vous le Père du Ciel afin qu'Il vous bénisse.

« *Mon Père,*
Je m'abandonne à Toi,
Fais de moi ce qu'il Te plaira.
Quoi que tu fasses de moi,
je te remercie.
Je suis prêt à tout.
J'accepte tout.

Pourvu que Ta Volonté se fasse en moi,
en toutes Tes créatures,
je ne désire rien d'autre, mon Dieu.

Je remets mon âme entre tes mains.
Je te la donne, mon Dieu,
avec tout l'amour de mon cœur,
parce que je T'aime,
et que ce m'est un besoin d'amour
de me donner,
de me remettre entre Tes
mains sans mesure,
avec une infinie confiance,
car Tu es mon Père. »
(Charles de Foucauld)

BIBLIOGRAPHIE

Liste des ouvrages cités.

- *Chacun cherche un père.* Pr. Marcel Rufo – Ed. Anne Carrière
- *Père que ton règne vienne.* Mgr Léonard – Ed. Emmanuel
- *Catéchisme de l'Eglise catholique* – Mame
- *Passeurs de vie. Essai sur la paternité.* Xavier Lacroix – Bayard
- *La différence interdite.* Tony Anatrella – Flammarion.
- *Tous les fleuves vont à la mer-Mémoires.* Elie Wiesel – Seuil
- *Sous le signe du lien.* Boris Cyrulnik – Ed. Hachette pluriel
- *Saint Jean Bosco* – Ed. Don Bosco Collection Terre Nouvelle n° 6
- *François le pape des pauvres.* Andrea Tornielli – Bayard
- *Y' a plus d'autorité.* Jean Marie Petitclerc – édition Iris
- *Toute personne est une histoire sacrée.* Jean Vanier – Plon
- *Œuvres complètes Sainte Thérèse de l'Enfant Jésus* – Cerf DDB
- *Vers une sexualité réconciliée.* Andrew Comiskey – Editions Aevia
- *Le devenir père – merveilles et déconvenues.* Jean le Camus, Informations sociales 2006 n° 132
- *Père manquant fils manqué.* Guy Corneau – Editions de l'homme

- *N'y a-t-il pas d'amour heureux.* Guy Corneau – Laffont
- *Le Père.* Cardinal Godfried Danneels – Service de presse de l'Archevêché
- *Les récits hassidiques,* Martin Buber – Ed. du Rocher
- *Les rêves de mon père.* Obama – Points 1995
- *Novo millennio ineunte* – Jean Paul II – Documentation catholique, 21 janvier 2001
- *La gloire de mon père,* Marcel Pagnol – Livre de Poche
- *Les neufs fondamentaux de l'éducation,* Yannick Bonnet – Presses de la Renaissance
- *Construire sa personnalité,* Pascal Ide – Le Sarment
- *Œuvres complètes,* Charles Péguy – Pléiade
- *Lire la Bible avec les Pères. La Genèse,* Sr Isabelle de la Source – Médiaspaul
- *L'amour dans la vérité,* Benoît XVI – Téqui
- *Et la France se réveille,* Vincent Tremolet de Villers-Raphaël Steinville – Ed. du Toucan
- *Redemptoris Custos,* Jean Paul II – Téqui

Table des matières

Composition et mise en pages réalisées par
LG Compo - 28200 - Châteaudun
Janvier 2014

Dépôt légal : février 2014
IMPRIMÉ EN FRANCE

Achevé d'imprimer le 29 janvier 2014
sur les presses de l'imprimerie « La Source d'Or »
63039 Clermont-Ferrand
Imprimeur n° 16859

Dans le cadre de sa politique de développement durable,
La Source d'Or a été référencée
IMPRIM'VERT® par son organisme consulaire de tutelle.
Cet ouvrage est imprimé - pour l'intérieur -
sur papier bouffant « Pamo Sky » 80 g, main de 2
provenant de la gestion durable des forêts,
des papeteries Arctic Paper,
répondant à la certification « ECF » (Elementary Chlorine Free).